KB231613

심리의 함정

歷史名人的心理分析 by 岳曉東 Yue Xiao Dong

Copyright 2009 ⓒ The Commercial Press (HK) Ltd.

All rights reserved

Korean copyright ⓒ 2012 by Geulhangari Publishers

Korean language edition arranged with The Commercial Press (HK) Ltd.

through Eric Yang Agency Inc.

이 책의 한국어판 저작권은 에릭양에이전시와 THE COMMERCIAL PRESS(HK) LTD 를 통한 (주)
글항아리와의 독점계약으로 한국어 판권을 (주)글항아리에서 소유합니다. 저작권법에 의하여 한국
내에서 보호를 받는 저작물이므로 무단전재와 복제를 금합니다.

심리의 함정

덫이 되어버린 치명적인 **심리**의 **유혹**들

웨샤오둥 **지음**
박영인 **옮김**

** 일러두기
1. 본문에서 ( ), [ ]은 옮긴이가 부연 설명한 것이다.
2. 중국 인명은 신해혁명(1911)을 기준으로 과거인은 종전의 한자음대로 표기했고,
현대인은 중국어 표기법에 따라 표기했다.

역사 속 영웅의 심리학

우리는 종종 성격이 운명을 결정한다고 말한다. 장구한 역사의 물결 속에 족적을 남긴 위대한 인물의 성격은 그들의 운명, 더 나아가 역사의 흐름에 어떠한 영향을 미쳤을까? 또, 역사 속 영웅의 심리학적 분석은 현대인에게 어떤 본보기를 제시할까?

역사학과 심리학을 결합한 이 책은 역사 속 인물 중 21명을 선정하여 그들의 심리를 묘사했다. 인격 심리학, 변태 심리학, 사회 심리학, 정신분석 등 다양한 분야의 이론을 활용했으며, 구체적인 사료에 과학적이고 엄밀한 심리학 지식을 접목해 역사 속 영웅의 인격적 특징과 정서를 파헤쳤다. 그럼으로써 널리 알려진 그들의 잘 알려져 있지 않은 내면세계를 들여다보고 심리학적 시각에서 그들의 역사적 공과를 분석했다. 또한 심리학의 여러 가지 추상적 개념을 분명하고 구체적으로 설명해 독자가 심리학적 눈으로 인생의 희로애락을 바라볼 수 있게 했다.

심리학과 역사학을 결합한 것은 대담한 모험이다. 그래서 부족한 점이 많으며 더 풍부한 설명을 필요로 하는 부분이 적지 않을 것이다. 하지만 우리에게 익숙하면서도 그 깊은 내면세계에 대한 관심은 부족했던 역사 속 영웅에 대하여 짤막한 소견을 제시한 이 책으로 말미암아 더 참신한 의견이 많이 나오기를 바란다. 그래서 이 책의 주제에 대한 사람들의 관심과 논의가 심도 있게 이루어지길 희망한다. 독자들이 이 책과 관련하여 비판적이고 건설적인 의견을 제시해준다면 필자가 향후 글을 쓰고 수정하는 데 많은 도움과 참고가 될 것이다.

심리학 종사자들에게 이 책을 바치고 싶다. 이 책이 심리학에 대한 인식을 제고함으로써 그들이 가르치고, 연구하고, 실제 상담하는 데 도움이 될 수 있길 희망한다. 마지막으로, 이 책을 계기로 심리학에 더 큰 관심을 갖고 심리학적 인식을 넓힐 수 있기를 바라는 마음에서 심리학 애호가들에게 이 책을 바친다.

마지막으로 이 책이 출판될 수 있게 열심히 도와준 량샤오梁瀟에게 깊은 감사의 말을 전한다. 자료 수집, 정리, 편집하는 데 있어 량샤오의 노력이 컸다. 량샤오의 도움이 없었다면 필자는 순조롭게 책을 쓸 수 없었을 것이다. 또한 상무인서관商務印書館 출판사 편집자인 쉬신위徐昕宇에게도 감사를 표한다. 쉬신위는 표현과 관점에서 오류가 나오지 않도록 꼼꼼히 편집해 주었다.

웨샤오둥

차례

제4부 자아 인지 Self Perception

제5부 인격 완성 Complete Personality

제1부

인격 장애

인격Personality은 일정한 경향성을 띠는 심리적 특징을 이른다. 곧, 어떤 사람의 특징이나 행동의 경향성을 통틀어 부르는 것이다. 인격 장애Personality Disorder란 정상적 상태와 구분되는 성격을 말하는데 현대 인격심리학에서는 인격 장애를 편집증형, 감정형, 분열형, 강박증형, 히스테리형, 무기력형, 반사회형, 불화형 등으로 분류한다.

제1장

왕안석
눈 감고 귀 닫는 개혁은 없다

"(신법 때문에 손가락을 절단한 사람이 있다는 보고는) 믿을 수 없는 일이지만 믿는다 해도 뭐 대단한 일은 못 되옵니다. 사대부조차 신법을 이해 못하는데 백성이 어찌 이해하겠습니까?"

왕안석王安石(1021~1086)은 자가 개포介甫, 호는 반산半山으로 강서성 임천臨川 출신이다. 북송 시대의 걸출한 정치가이자 사상가, 문장가로 당송팔대가唐宋八大家 중 한 명으로 추앙받는 인물이다. 경력慶曆 2년(1042)에 진사 4등으로 과거에 합격했고 그 후 회남淮南 판관, 은현鄞縣 지현知縣(현령), 서주舒州 통판通判(오늘날의 부지사), 상주常州 지주知州(지방장관), 강동로江東路의 제점형옥提點刑獄(로路 단위의 고위 지방관으로 관내 지방관들의 재판을 감찰하는 것이 주된 임무다. 로는 송나라 최상급 지방 행정 단위로 오늘날의 성省에 해당한다) 등의 지방 관직을 차례로 거쳤다. 치평治平 4년(1067)에 신종神宗은 왕안석을 강령부(지금의 남경) 지사로 임명하고 난 후 바로 중앙으로 불러 한림학사라는 관직을 내렸다. 왕안석은 여러 해 지방관을 역임한 경험으로 송나라가 빈곤해진 원인이 불법적인 재산 점유에 있으며, 당시에 직면해 있던 위기가 안으로는 사직을 근심하지 않고 밖으로는 오랑캐를 두려워하지 않았기 때문임을 깊이 인식하고 있었다. 희녕熙寧 초기에 왕안석은 젊은 신종과 나라를 다스리는 길을 논하여 신종의 신임을 얻었다. 희녕 2년(1069)에는 참지정사參知政事(부재상)에 올랐고 그 이듬해에는 동평장사同平章事(재상)가 되어 대대적으로 개혁을 추진했으며 변법을 시행했다. 훗날 역사는 이를 '희녕 변법'이라 칭했다. 그러나 변법은 여러 제약과 반대에 부딪혔다. 거대한 압력 속에서 왕안석이 두 차례나 파직되는 바람에 변법은 이름뿐인 껍데기에 지나지 않았고, 신종 사후에는 사마광司馬光이 재상에 올라 거의 모든 법안을 폐지함으로써 결국 실패로 끝났다.

왕안석의 변법 실패에는 기존 체제를 비롯한 외부 상황의 한계 외에 어떤 개인적 요소가 영향을 미쳤던 것일까? 이를 심리학적으로는 어떻게 설명할 수 있을까?

희녕 변법의 두 가지 과오

희녕 변법은 중국 역사상 매우 유명한 변법 중 하나지만 안타깝게도 시행 전후로 변화가 너무 심해서 결국 조정 대신들의 알력 다툼을 위한 도구로 전락하고 말았다. 당연히 실효성은 크게 떨어질 수밖에 없었다. 이는 왕안석의 정책 결정상 착오 및 부적절한 인재 등용과 밀접한 관계가 있다.

왕안석은 중용되기 전부터 이미 이름을 떨쳤다. 『송사宋史』는 왕안석을 다음과 같이 표현하고 있다. "글을 짓는데 붓이 날아다니는 것 같다." "의견의 수준이 높고 특별하여 다른 사람의 의견을 능히 반박하며……." 구양수歐陽修는 다음과 같이 왕안석을 칭송했.

"한림翰林(왕안석)의 풍월은 3000수요, 이부吏部의 문장은 200년이라. 예로부터 자신을 불쌍히 여기니 훗날 그 누가 그와 경쟁하리오."

이후 문언박文彦博과 구양수가 적극적으로 왕안석을 천거하고 사마광과 한강韓絳, 여공저呂公著 등도 적극적으로 추천한 덕분에 왕안석은 조정에서 재상을 맡아 중신으로 나설 수 있게 되었다. 그러나 안타깝게도 왕안석이 동평장사를 맡은 후부터 조정 대신들 가운데 그에게 협력한 이는 한강 한 사람뿐이었다. 이미 죽은 대신을 제외하고는 모두 왕안석과 대립각을 세웠다. 뿐만 아니라 왕안석이 개혁 과정에서 등용한 사람은 후에 모두 '희풍소인(희녕과 원풍은 신종의 연호)'으로 불리게 되었다. 1074년, 신종 황제는 다수의 의견에 못 이겨 왕안석을 파면했다. 그로부터 1년도 채 안 되어 다시 궁으로 불려가 재상의 자리에 올랐지만 1년 9개월 만에 또다시 파직되어 관직과는 완전히 멀어지고 말았다.

왕안석은 많은 벗과 척을 지는 것도 불사하고 전력을 다해 변법을 시행했지만 결국 그에게 돌아온 것은 비난뿐이었다. 그러한 결과를

가져온 근본적인 원인으로 다음 두 가지를 들 수 있다. 하나는 변법
이 지나치게 급진적이어서 현실에 적용하기가 쉽지 않았다는 점이
고, 다른 하나는 부적절한 인재 등용으로 간신이 정권을 장악하게
만들었다는 점이다.

변법의 성급한 시행과 들끓는 민심

왕안석은 "천변도 신경 쓸 것 없고 선조의 법도 신경 쓸 것 없으며
언론도 신경 쓸 것 없다"고 주장하며 10여 년 동안 급진적인 기세로
농전수리법, 청묘법, 균수법, 방전균세법, 모역법, 시역법, 보갑법,
보마법 등의 신법을 연이어 시행했다. 그리고 전국 백수십 개의 주
와 현을 단숨에 통폐합했다. 이와 같은 조치는 잠시나마 국가의 경
제적 부담을 덜어주기는 했으나 각급 관리에게 극심한 혼란을 안겨
주었다. 이로써 전진만 있고 물러섬은 없는 듯했던 희녕 변법은 몇
걸음 나아가지도 못한 채 크게 퇴보하고 말았다. 바꿔 말하자면 왕
안석이 변법을 실시한 것은 기존의 체제 전반을 철저히 개혁하기 위
함이었지만 너무 급하게 실행된 나머지 실패하지 않을 도리가 없었
던 것이다.

이와는 반대로 사마광 등은 '점진적인' 개혁을 주장하면서 조정을
서서히 변화시켜 나갔다. 『송사』 「식화지食貨誌」의 기록에 따르면 변
법 시행 초기에는 사마광도 신종 황제에게 상소를 올려 개혁의 필요

성을 고했다. "나라의 물자는 부족한데 씀씀이는 너무 사치스럽고 상을 내림에 절제가 없습니다. 왕족은 많고 관직은 쓸데없이 남용되고 있으며 군대는 정비되어 있지 못합니다." 그러나 변법을 어떻게 시행할 것인가에 대해서는 다음과 같이 고했다.

"폐하께서는 반드시 양부兩府 대신 및 삼사三司의 관리들과 더불어 폐단을 바로잡을 방법을 상세히 논의하셔야 합니다. 시간이 지나면 효과를 거둘 수 있을 것입니다. 어리석은 신하라 하여 하루아침에 관직에서 쫓아내서는 안 됩니다."

또한 소식蘇軾은 처음부터 신종 황제에게 이렇게 경고했다.

"폐하께서는 다스림에 성급하시고 듣는 말은 넘치며 인재를 내보내는 데에는 너무 과격하십니다."

그러나 왕안석은 이러한 점진적인 의견은 거들떠보지도 않았고 오히려 이들을 '반反개혁파'로 몰아 지방관으로 좌천시키거나 아예 관직에서 물러나게 했다.

왕안석의 변법은 무모하리만큼 성급하게 이루어져 백성의 원성이 들끓었다. 급기야 동명현東明縣의 농민 1000여 명이 단체로 수도 개봉開封으로 몰려와 왕안석의 집 앞에서 소란을 피웠다. 희녕 7년(1074)에는 일찍이 왕안석이 발탁한 문지기 아전 정협鄭俠이 「유민도流民圖」를 그려 황제에게 진상하면서 상소까지 첨부해 고했다.

"소인은 매일 성문에서 변법으로 고통 받는 백성을 보고 있습니다. 그들은 아내를 저당 잡히고 자식을 내다 파는가 하면 나무를 베고 집을 허물어 길거리에서 죽어가고 있습니다. 이는 정말 참기 힘든 고통입니다. 그러니 황제께서는 부디 백성을 해하는 법을 폐지하시어 죽어가는 백성의 목숨을 구해 주시기를 간청 드립니다.”

신종은 상소를 보고 크게 놀라 심장을 칼로 도려내듯이 고통스러워했다. 두 태후(태황태후와 황태후)가 상소를 보고 울며 말했다. “왕안석이 천하를 어지럽히고 있구나.”『송사』「여회전呂誨傳」에서 보듯, 사실 희녕 2년에 어사중승御史中丞 여회呂誨가 이미 신종에게 다음과 같은 내용의 상소를 올린 바 있다.

“왕안석은 처음에 장기적인 전략 없이 오로지 기존의 것을 새롭게 바꾸는 데만 힘썼습니다. 그래서 황제를 속이고 백성을 기만하며 말과 글로 잘못을 교묘히 감추어 천하 만물을 호도했으니 필시 그를 내치셔야 합니다.”

당시 신종이 이 상소를 어떻게 생각했는지는 알 수 없다.

경영학에는 “올바른 일을 올바른 방법으로 하라Do the right thing, and do it right”는 아주 중요한 원칙이 있다. 왕안석이 희녕 변법을 실행하여 옳은 일을 하려고 했던 것은 분명하지만 자신의 힘만 믿고 남의 말을 듣지 않았으며 독단적으로 행동했기에 결국 올바른 일을 올바른 방법으로 하지는 못했다. 이로써 왕안석은 위로는 신종 황제의 성은을 저버리고 아래로는 무수한 백성의 간절한 염원을 짓밟고 말았다. 뿐만 아니라 동료와 오랜 벗의 신임을 욕되게 했다.

부적절한 등용으로 소인이 정치를 어지럽히다

왕안석의 변법은 정책 결정뿐 아니라 인재 등용에서 더 큰 우를 범했다. 다시 말해 왕안석의 변법이 실패로 돌아간 원인은 자신을 따른 음흉하고 교활한 무리를 대거 기용하여 결과적으로 소인배가 정치를 더럽히고 간신배가 법을 어지럽히는 나쁜 상황을 만들고 말 았다는 데 있다.

그렇다면 어떤 이를 소인배라 하는가? 사마광의 견해에 따르면, 소인이란 그 재능의 크기와 관계없이 덕행이 바로 서지 않은 사람을 일컫는다. 소인은 대체로 다음의 두 가지 두드러진 특징을 보인다. 하나는 공명을 얻기 위해 수단과 방법을 가리지 않는 것이요, 다른 하나는 사리사욕을 채우기 위해 자신의 행동이 초래할 결과는 생 각하지 않는 것이다. 왕안석의 가장 중요한 지지자이자 조력자였던 여혜경呂惠卿, 장돈章惇, 증포曾布, 채변蔡卞, 여가문呂嘉問, 채경蔡京, 이 정李定, 등관鄧綰, 벽향薛向 등은 모두 후세에 평판이 매우 나쁜 부류 이며 다수가 정부가 편찬한 정사인 『송사』의 「간신책」에 이름을 올 렸다(표1). 이들 대부분은 처음 관직에 나갔을 때만 해도 마음과 뜻 을 다해 자신의 재능을 아낌없이 드러냈다. 그러나 시간이 지나면서 능력과 상관없이 자신과 가까운 사람만 임용하고 뜻이 다른 이는 배제했다. 또한 눈앞의 이익만을 좇았으며 목적을 이루기 위해서는 수단을 가리지 않는 등 사람들이 언급을 꺼리는 갖가지 만행을 저질렀다.

사마광은 일찍이 왕안석의 문하생과 옛 친구들을 ‘남을 헐뜯고 아첨하는 무리’와 ‘말 바꾸는 무리’로 규정했는데, 그중에서도 여혜경을 가장 신랄하게 비난했다. 여혜경은 한때 왕안석의 가장 든든한 측근으로, 재주가 뛰어난 관원이었다. 그러나 훗날 자신의 출세를 위해 계획적으로 왕안석을 모함하여 신종이 왕안석을 신임하지 못하게 하는 데 일조했다. 장돈 또한 왕안석의 든든한 조력자였지만 훗날 군자의 기풍은 찾아볼 수 없을 정도로 극악무도하게 원우당인(왕안석의 신법에 반대한 보수파 원로들을 이른다. 원우元祐는 송나라 철종의 연호)을 박해했다. 왕안석의 또 다른 조력자였던 등관은 일을 추진할 때 수단과 방법을 가리지 않는 후안무치한 인물이었다. 등관은 “맘껏 비웃고 욕해라. 나야말로 좋은 관리다”라고 말한 바 있다. 이 말은 후세에 관리의 후안무치한 행위를 지탄할 때 쓰는 대표적 말이 되었다. 채경은 한술 더 떠 중국 역사상 보기 드문 간신으로 북송 말 정계를 난장판으로 만들어버린 인물이다.

송나라 대신들은 건국 이래 조정을 다스림에 있어 서로 다른 뜻을 한데 조율한다는 의미의 ‘이론상교異論相攪’라는 선조의 교훈을 새겨 한 사람이 권력을 독점하고 나라를 좌지우지하는 것을 방지했다. 그러나 안타깝게도 왕안석은 변법의 빠른 성공을 위해 자신과 견해가 다른 대신을 한꺼번에 조정에서 몰아내고 ‘이론상교’라는 훌륭한 전통을 깨버렸다. 이 때문에 왕안석 자신도 다양한 의견을 들

인물	관직	행적
이정 (연도 미상)	어사중승	자신과 뜻이 다른 이를 박해하고 어질고 재능 있는 이를 모함했다. '오태시안烏台詩案(소식의 시문 중 개별적인 시구와 장을 모아 제멋대로 해석해 신종을 비방하고 원망했다는 죄목으로 모함해 소식을 옥에 가둔 사건)'이라는 필화 사건을 꾸며 소식을 박해하고 구양수, 문동文同 등 20여 명을 연루시켰다.
등관 (1028~1086)	어사중승	선량한 이들을 중상모략했고 그 간악함이 심지어 장돈을 능가한다. 또한 부끄러움을 모를 정도로 뻔뻔하다.
안돈安惇 (연도 미상)	이부시랑 형부상서	장돈에게 아첨하기 위해 여러 차례 어진 인재를 모함하고 중상모략했다.
서단舒亶 (1041~1103)	지제고 어사중승	자신과 뜻이 다른 이들을 박해하고 어진 인재들을 모함했으며 '오태시안' 사건에 가담해 소식을 박해했고 구양수, 문동 등 20여 명을 연루시켰다.
여가문 (연도 미상)	시역사 제거 호부시랑	장돈, 채변 등에게 빌붙어 무고한 이들을 숱하게 죽이고 관청의 문서를 불태웠다.

을 수 없어 시시비비를 분명히 가리지 못했을 뿐 아니라 북송 말 채경 등 간신들이 어렵지 않게 조정을 틀어쥐게 되었다. 변법 시행 초에는 어사 유기劉琦 등이 매매와 관련된 신법을 시행한 벽향 등을 소인이라 비난했고, 부필富弼은 재상직에서 물러나면서 상소를 올려 신종에게 "왕안석이 기용한 자들 중에는 소인이 많습니다"라고 고했다. 그러나 왕안석은 자신의 의지를 관철시키기 위해 자신의 지지자에게 엄격한 도덕적 기준을 요구하지 않았고, 결국 그들은 대부

분 『홍루몽』에서 "중산의 늑대처럼 득세하면 미친 듯이 날뛴다"라고
묘사한 아첨꾼이 되고 말았다. 왕안석은 이 점에서 부인할 수 없는
책임이 있다.

왕안석의 편집증적인 성격장애 분석

왕안석은 희녕 변법을 추진할 때 독단적으로 행동하고 다른 의견
을 수용하지 않았다. 왕안석의 이러한 성격 때문에 변법은 결국 처
참하게 실패로 돌아갈 수밖에 없었다. 사학계에서는 변법 실패의 원
인을 변법을 추진하는 왕안석의 책략과 신종의 지지가 부족했기 때
문이라고 분석하지만, 심리학에서는 편집증적이고 다른 사람과 잘
어울리지 못하는 왕안석의 성격 때문이라고 본다. 결국 '사람' 때문
에 실패했다는 말인 것이다. 편집증적인 사람은 일반적으로 자존심
이 매우 강하고 예민하며 자기 의견을 고집하는 데다가 자신이 훌륭
하다고 생각한다. 뿐만 아니라 책임을 쉽게 다른 사람이나 여러 가
지 외부 원인에 전가한다(표2). 이런 성격을 지닌 사람이 사회생활
을 하면 대체적으로 편향되고 편파적이며 극단적인 행동을 하거나
편견을 지니는 등 부정적인 모습을 보인다. 그래서 다른 사람과의
의사소통이나 공동 업무에 어려움을 겪는다.

왕안석은 편집증적인 성격 때문에 자신과 의견이 다르면 잘 받아
들이지 못하고 다른 사람과 어울리지도 못하여 적을 많이 만들었

다. 그래서 자신을 불리한 상황으로 몰아갔을 뿐만 아니라 신종 황제가 각 영역의 전문가를 동원해 희녕 변법이라는 대업을 이룩하려할 때 오히려 방해만 되었다. 왕안석은 변법 시행 중에 시종일관 자기 사람만 동원하려고 고집을 부렸고 독단적으로 행동해 많은 조정 대신과 갈라섰다.

이들 중에는 한유韓維, 여공저와 같이 애초에는 그를 후원했던 사람도 있었고 문언박, 구양수처럼 그를 천거했던 사람도 있었으며 부필, 한기韓琦와 같이 그의 상사뿐 아니라 범진范鎭, 사마광과 같은 지기도 있었다. 이들은 아주 뛰어난 인물로 한때 조정의 중신이었지만 희녕 변법과 맞지 않다는 이유로 한 사람 한 사람 조정에서 쫓겨났다. 그중 사마광은 수년을 함께 일한 정으로 왕안석에게 세 차례나 편지를 써 통치 방법을 바꿀 것을 권면했다. 하지만 왕안석은 잘못을 깨닫기는커녕 사마광의 편지 내용을 일일이 반박하여 결국 사마광과 완전히 등졌고 1086년 두 사람이 죽을 때까지 교류가 중단되는 상황을 초래했다. 희녕 4년 1071년에 개봉지부開封知府의 한유는 경내의 백성 중 보갑법保甲法(강한 병사를 기르고, 군사비의 부담을 줄이기 위해 만든 민병제도. 10가구를 보保, 5보를 대보大保, 10대보를 1도보都保로 정하고 각각 장長을 두어 군사훈련과 치안유지의 의무를 부여했다)을 피하려고 손가락을 절단하는 사람이 있다고 보고했다. 신종이 왕안석에게 이 일에 대해 묻자 놀랍게도 그는 이렇게 대답했다.

"믿을 수 없는 일이지만 믿는다 해도 뭐 대단한 일은 못 되옵니다. 사대부조차 신법을 이해 못하는데 백성이 어찌 이해하겠습니까?"

신종은 이 말을 듣고 매우 화가 나서 말했다.

"백성의 말에 귀를 기울이고 그것에 부합한 정책을 펼쳐야만 통치를 잘 할 수 있으니 두려워하지 않으면 아니 된다."

왕안석은 '사대부 말도 아랑곳하지 않는데 하물며 민언은 무슨'이라는 태도로 무시해버렸다. 사람들이 이렇게 극단적으로 자기중심적인 왕안석을 '고집불통 상공'이라 부르는 것도 무리는 아니었다.

왕안석은 「인종 황제에게 바치는 만언서」에서 "인재를 가르치고, 배출하고, 선발하고, 임용해야 합니다. 이 중 하나라도 소홀히 하면 천하를 어지럽히는 자가 나올 것입니다"라고 언급했다. 또한 조정이 나서서 인재 양성 계획을 세워야 한다고 주장했다.

"대신들에게 인재를 기용하는 방법을 고민하게 해야 합니다. 계획을 세우고 여러 차례 시험을 거쳐 점진적으로 뽑는다면 변화하는 세상이 요구하는 인재를 발굴해낼 수 있을 것입니다." 그러나 왕안석은 말로는 인재를 등용할 때 신중하고 사적인 정에 얽매임 없이 객관적이어야 한다고 주장하고서는 정작 자신은 눈앞의 이익에만 급급하여 자신과 친분이 있는 사람들을 끌어들였다. 이는 잠시나마 정책 집행을 수월하게 했을지는 모르지만 장기적으로는 오히려 변법 실패의 원인이 되었다. 훗날 북송 조정에서는 변법을 둘러싼 논쟁이 변질되어 자기와 다른 진영의 인사를 무참히 짓밟는 파벌 싸

<표2> 왕안석의 편집증적 행동 양식과 그에 따른 결과

특징	정의	행위(표현)	초래된 결과
편향	공정하지 못한 인식 경향	스스로 잘났다고 여긴다. 자기 뜻만 고집한다.	변법을 강제로 집행하는 바람에 홍보와 사전 작업이 부족하여 자신의 의도와 완전히 어긋난 결과를 초래했다.
편견	현실과 동떨어진 인지판단	현실감각이 결여되어 있다. 눈앞의 이익에만 급급해 한다.	흥분을 잘하고 반성을 하지 않았으며 개혁의 속도가 지나치게 빨랐다. 그 결과, 일이 바라는 대로 되지 않았고 백성의 원성이 하늘을 찔렀다.
편신	자신의 편견으로 판단하는 성향	듣고 믿는 데 편파적이다. 자기만 옳다고 여긴다.	자신의 생각과 다른 의견은 절대로 받아들이지 않았다. 그리하여 송나라 건국 이후 서로 다른 의견을 함께 받아들이는 아주 훌륭한 전통을 파괴하고 간신이 나라를 망치는 데 일조했다.
편호	자신의 편견을 바탕으로 선택하는 성향	자기와 친한 사람을 임용한다. 자기 생각과 다른 의견을 배척한다.	여혜경, 증포, 채경, 등관, 설향薛向 등 재능은 갖추었지만 덕이 없는 사람들을 중용하여 소인배와 간신이 나라를 어지럽히는 빌미를 제공했다.
편격	극단적인 행위와 행동거지	잘난 체하며 독단적으로 일을 처리한다. 독단적으로 판단한다.	사마광, 소식 등 온건 개혁파와 결별하고 개혁과 관련된 논쟁을 당파 간 알력 분쟁으로 변질시켰다.

움이 벌어졌다. 결국 북송 정권은 이 파벌 투쟁 때문에 빠르게 쇠락해 멸망하기에 이르렀다. 이러한 상황은 왕안석의 고집스러운 성격과 관련이 있다.

왕안석의 변법 실패는 후대 사람에게 다음과 같은 교훈을 준다.

'사회를 개혁하려면 먼저 자신을 개혁해야 하고 성격 결함이 많은
사람은 사회를 진보적으로 이끌 수 없다.' 고집불통인 사람이 천하
를 품고 백성을 예로써 섬길 수는 없기 때문이다.

편집증적 성격장애의 특징

심리학에서는 편집증적인 성격을 망상형 성격이라고도 부른다. 자기를 지나치게 높이 평가하고 승부욕이 굉장히 강해 자신의 의견만 고집하는 한편 지나치게 예민하고 과도하게 의심하며 경계한다. 또 자기 보호가 지나치다. 쉽게 질투하고 다투기를 좋아하며 비판적 의견은 들으려 하지 않고 잘못된 결과에 대한 책임을 주위 환경이나 주변 사람에게 돌린다. 임상심리학에서는 편집증적인 성격의 특징을 아래 여섯 가지의 구체적인 양상으로 제시한다.

1. 감정이 지나치게 예민해서 굴욕감과 피해 의식을 마음속에 항상 담아 둔다.
2. 생각과 행동이 고집스럽고 예민하며 의심이 많다. 또한 마음이 좁고 질투를 잘한다.
3. 스스로 잘났고 옳다고 생각한다. 자신의 능력을 과대평가하고 실패의 책임을 다른 사람에게 전가한다.
4. 다른 사람에게 항상 지나치게 높은 수준으로 많은 것을 요구하지만 다른 사람을 신뢰하지는 못한다.
5. 형세를 정확하고 객관적으로 분석할 능력이 없고 문제가 생기면 감정적이고 주관적으로 처리해 버린다.
6. 가정에서는 화목하지 못하고 밖에서는 친구나 동료와 잘 어울리지 못한다.

주원장
불안의 노예가 저지른 학살극

주원장은 비천한 신분에서 황제로 도약한 일생을 살았지만 마음은 오히려 열등감으로 가득 채워져 갔다. 업적과 황위에 대한 불안이 초래한 것이었다. 주원장의 불안은 결국 비극을 초래했고 결과적으로 중국 역사에서 아주 드문 폭군이 되었다.

주원장朱元璋(1328~1398)은 아명이 중팔重八로 안휘安徽 봉양鳳陽 사람이다. 일찍 부모를 여의었고 가정 형편이 매우 어려워 어릴 적 출가해 스님이 되었다. 1352년 사람을 이끌고 홍건군紅巾軍에 들어가 원말의 농민 봉기에 참가했으며 진우양陳友諒과 장사성張士誠 등을 격퇴하고 1368년 명나라를 세워 황위에 올라 수도를 남경으로 하고 연호를 홍무洪武라 했다. 황제에 오른 지 반년 후, 지금의 베이징인 대도大都를 공격하여 원나라를 멸망시키고 전국을 통일했다. 주원장은 승상丞相(군주를 보좌하던 최고 대신) 제도를 폐지하고 6부를 설립하는 등 중앙과 지방의 행정 기구를 개혁했다. 또한 군사 조직을 정비하고 과거제도를 시행하는 등 황권 강화를 위한 정책을 펼쳤다. 그러나 통치 중·후반기에 공을 세운 충신을 대대적으로 숙청했고, 걸핏하면 수만 명을 연좌시켰다. 한편 필화 사건을 크게 일으켜 명나라 초기 문화와 사상도 엄격하게 통제했다.

사학계에서는 주원장이 타락했거나 정치적으로 필요했기 때문에 중, 노년기에 폭행을 일삼았다고 주장한다. 충신을 죽인 이유를 소농 출신이라는 자신의 신분적 한계를 드러낸 것이자 농민군 지도자 출신의 완전히 타락에서 찾는 것이 전자의 관점이고, 황제로서 어쩔 수 없는 선택이자 정치 투쟁의 결과로 보는 것이 후자의 관점이다. 이 두 해석은 모두 일리가 있지만 매우 중요한 사실을 간과하고 있다. 유방劉邦, 유수劉秀, 사마염司馬炎, 조광윤趙匡胤 등도 주원장처럼 나라를 세운 사람이었지만 그들은 오히려 도량이 넓고 온화하며 점잖았으며 공을 세운 사람을 선대했다. 그런데 주원장은 왜 이들처럼 하지 못했을까? 주원장이 이렇게 된 데에는 어떤 심리와 성격의 특징이 관여했을까?

필자는 나라를 세웠던 역대 황제들과 비교해볼 때, 내면의 자질이 가장 형편없었던 사람이 바로 주원장이라고 생각한다. 그는 심각한 성격장애와 인격분열 증상을 겪었다. 중팔에서 원장까지의 인격분열을 추적하여 그의 심리 왜곡 과정을 밝혀보자.

주원장은 불안으로 초래된
전형적인 정신병을 앓았다

　주원장은 찢어지게 가난한 집에서 태어나 어렸을 때부터 세상 인정의 후박함을 뼛속 깊이 경험하면서 성장했다. 훗날 곽자흥郭子興의 수하로 들어가자마자 전쟁에 능한 장군이 되었고 인재 발굴에 뛰어난 재능을 보여 이선장李善長, 송렴宋濂, 유기劉基, 주승朱升, 남옥藍玉 등과 같은 최고의 책략가와 훌륭한 장군을 곁에 둘 수 있었다. 그는 나라를 세울 때 천하의 문인 출신의 어진 인사를 폭넓게 중용할 수 있었음에도 불구하고 손아래 부하를 임용해야 안심할 수 있었다. 나라의 안정에 힘써야 할 시기에 그는 오히려 문인 출신 신하가 가난한 집안 출신인 자신을 업신여기지는 않을까, 무관 장수들이 자신의 지위를 노리지 않을까를 우려했다. 오랜 시간이 흘러 주원장은 불안으로 초래된 전형적인 정신병 증상을 보였다. 걸핏하면 자신감을 잃고 극도로 예민해져서 의심하고 망상에 빠져들었다. 명관命官(조정에서 임명한 관리)을 단속하고 관리와 백성 죽이기를 낙으로 삼음으로써 불안감에서 벗어나려 했다. 주원장은 정장廷杖이라는 형벌을 만들어 조정에서 대신들을 형장(죄인을 신문할 때 쓰는 몽둥이)으로 문책했다. 위로는 재상에서 아래로는 평민에 이르기까지 그 누구도 정장 앞에서는 인간적 존엄을 지켜내기가 어려웠다. 놀랍게도 많은 사람이 맞아 죽었고 맞고서도 살아난 사람은 몸에 장애가 생기거나 봉양 혹은 다른 변방으로 충군되어야 했다. 주원장은 황태손에게 "짐은 난세를 다스리니 형이 중하지 않으면 아니 되느니라"라고 했다.

또한 주원장은 『대고大誥』『대고속편大誥續編』『대고삼편大誥三編』『대고무신大誥武臣』 등 자신만의 법을 편찬하는 데에 친히 참여하여 유사 이래로 가장 엄격한 부정부패 척결 법령을 만들었다. 부정하게 60냥 이상의 은을 보유하게 된 사람은 바로 사살하라고 명령했고 죄를 지은 관리를 처벌하는 방법 또한 아주 기괴하고 다양했다. 능지처참, 창자 축출은 얌전한 편이고 끓는 물을 사람에게 뿌린 후 쇠솔로 몸을 박박 문지르기, 쇠갈고리에 매달기, 거세하기, 무릎 후벼파기 등 온갖 극악무도한 수단이 다 동원되었는데, 사람을 벌벌 떨게 하지 않은 것이 하나도 없었다. 주원장은 그래도 성에 차지 않아서 탐관오리의 피부를 벗기는 매우 충격적인 형벌도 만들었다. 이 형벌에 처해진 탐관오리는 벗겨낸 피부 속에 볏짚을 쑤셔 넣어 허수아비가 된 채 관아 출입문 옆에 내걸렸다. 지나가는 사람들에게 공개함으로써 또 다른 탐관오리를 공포에 떨게 한 것이다. 사람들은 부정부패 척결을 위한 살벌한 형벌 앞에서 안 하면 안 했지 하면 끝장을 보는 주원장의 일 처리 방식에 혀를 내둘렀다.

조정의 신하와 문인에 대한 주원장의 질투는 병적인 수준이었다. 1380년 홍무 13년에 조정에서 호유용胡惟庸 사건이 터졌다. 호유용은 좌승상을 역임한 개국 공신 이선장李善長의 사위였다. 그는 임기

동안 측근과 작당하여 사리사욕을 채웠고 교활한 수단으로 반대파를 함정에 빠뜨렸다. 또한 공금을 횡령하고 뇌물을 받았으며 모반을 획책했다. 그래서 주원장이 호유용을 죽여도 크게 비난할 바가 못 되었지만 주원장은 이것을 빌미로 대대적인 연좌제를 적용하여 그와 관련된 이를 모두 10년 이상 옥에 가두었고 300여 명을 처형했다. 그중에는 경험 많고 노련한 20여 명의 공신 장군宿將과 그 가족들이 포함되어 있었다. 이선장의 가족은 모두 연루되어 처형되었고 송렴의 가족은 그 지위를 빼앗겼다. 송렴은 유배 가는 중 세상을 떠났다.

절강부浙江府 학림學林 원량元亮이 사람들의 편리를 위해 쓴 『사중봉표謝增俸表』에는 "작즉수헌作則垂憲"이라는 말이 나온다. 한편 항주부학杭州府學 교수 서일기徐一夔는 축하서에 "태평성대에 타고난 성인이 세상을 위해 모범을 보였다光天之下, 天生聖人, 爲世作則"라고 했다. 주원장은 '광천지하光天之下'는 머리를 빡빡 깎은 승려였던 자신을 비유하는 것이며 '작즉作則'은 자신의 도둑질을 비유한다고 여겨 두 사람을 죽이라고 명했다(光은 하나도 남아 있지 않다는 뜻으로 머리카락이 하나도 남지 않은 자신을 가리킨다고 생각했다. 작즉은 발음이 '도둑질하다作賊'와 비슷하다). 또 이 사건을 계기로 필화 사건을 일으켜 많은 문사를 감옥으로 보내니 문인 대신들은 하나같이 극도로 조심하여 입을 다물어 버렸다. 주원장은 이러한 상황에서 심리적 만족감을 얻었다. 이러한 그의 모습에서 심리 상태가 극단적으로 뒤틀려 있고 황제로서 갖추어야 할 아량이 부족함을 알 수 있다.

주원장은 과도한 불안으로 인격분열을 일으켰다

주원장은 평생 생존, 업적, 권위에 대한 불안에 시달렸다. 생존에 대한 불안은 한때 실제로 그를 힘들게 했지만 훗날 완전히 극복할 수 있었다. 업적에 대한 불안은 천하를 통일하면서 생긴 증세로 역사적으로 자신에 대한 이미지와 평가에 영향을 미쳤다. 권위에 대한 불안은 기본적으로 그의 망상이 만들어 낸 것으로 한때는 아주 심각한 상태까지 이르렀다. 주원장의 정신병은 업적과 권위에 대한 불안에서 시작된 것이다. 심리학에서는 불안을 사회적 요인으로 생긴 초조와 걱정, 극도로 긴장하는 정서라고 정의한다. 불안은 위협적인 사건이나 상황을 맞은 사람을 극도로 초조하게 만들고 신경과민과 엄청난 긴장을 유발하며 심하면 생리적, 심리적 기능의 장애를 일으킨다.

주원장은 이상적인 인물인 요임금과 순임금을 본받고 싶어 했다. 그래서 어떠한 호족이나 탐관오리도 존재하지 않는 절대적으로 평등한 국가 건설을 꿈꿨다. 주원장이 업적을 내야 한다는 불안에 시달린 것은 바로 여기에서 비롯되었다. 이상에 대한 갈망은 그가 끊임없이 자신의 한계를 넘어서도록 자극해 자아실현을 돕기도 했다.

구분	정의	임상증상	주원장의 증상
불안형 정신병	뚜렷한 대상과 내용이 없는 두려움	초조하고 불안하며 극도로 긴장한다. 가슴이 뛸 정도로 초조해진다. 땀을 많이 흘리고 머리가 어지러우며 수면량이 부족하고 피로감을 쉽게 느끼는 등의 신체적 반응을 보인다.	의심이 많고 과민했다. 금세 기분이 좋아졌다가도 쉬이 화를 냈고 걸핏하면 사람을 죽였다. 심장이 두근거릴 정도로 초조해했고 심각한 수면 부족에 시달렸다.
분열형 성격 장애	뿌리 깊고 지속적인 성격 변화	친밀감이 부족하고 마음이 냉소적으로 변한다. 공감을 잘 하지 못하며 의심이 많다.	성격이 급하고 쉽게 화를 냈다. 습관적으로 의심했으며 냉혹하고 정이 없었다. 어릴 적과 비교해 나이 들어서 완전히 다른 성격을 보였다.

권위에 대한 불안은 조정의 고위 관리가 자신의 권력을 서서히 무너뜨리고 심지어 자신을 기만하고 우롱하지 않을까 하는 두려움에서 시작되었다. 그는 이 두려움 때문에 극단적으로 편집증적인 사람이 되어갔고 질투가 일상이 되어버렸다. 그래서 무고한 사람을 아무렇지도 않게 죽이고 점점 도리에서 멀어졌다. 업적과 권위에 대한 불안이 얽히고설켜 주원장은 극도로 우울하고 긴장해야 하는 생활을 오랫동안 이어갔다. 결국 점점 편집증적인 성격으로 변해갔고 인격분열이 나타나는 지경에 이르고 말았다.

가난한 승려에서 일약 거대 제국의 개국 황제가 된 주원장은 일반적인 경우라면 당연히 진시황과 한무제, 당태종과 송고조처럼 자신감이 넘쳐야 했다. 그러나 주원장은 조급한 성공과 눈앞의 이익에만 급급했기에 현실에서 좌절감만 맛보았다. 또 좌절감을 반성의 기회로 삼기는커녕 아랫사람에게 책임을 전가해 걸핏하면 사람을 죽이고 구족을 연좌시켰으며 엄중한 형벌로 난세를 다스리고자 했다. 그러나 돌아오는 것은 늘 더 깊은 좌절감과 패배감뿐이었다. 주원장은 나이가 들수록 더욱더 열등의식에 사로잡혀 당태종이 평민 출신 재상을 한결같이 선대했음을 믿지 못했고, 송태조가 '배주석병권杯酒釋兵權(군웅할거의 국면을 막고 중앙집권을 강화하기 위해 고관에게 높은 녹봉을 조건으로 장군의 병권을 해제시킨 사건)'으로 백성이 편안하고 근심 없는 삶을 살게 했음을 또한 믿지 못했다. 반대로 신하가 공을 세우면 세울수록 황위에 대한 불안감은 깊어갔다.

홍무 10년 전후로 주원장은 성격이 180도 돌변하여 완전히 다른 사람이 된 것처럼 인격 단절 현상이 뚜렷해졌다. 성격이 구조적이라 할 정도로 크게 변화했을 때 심리학은 이를 전형적 인격분열 현상이라고 한다. 주원장은 이때 꽤 심한 나르시시즘에 빠져 있었다. 고집을 피우고 남의 의견을 듣지 않았고 공감하는 능력이 부족했으며 편집증적이고 냉혹했다. 이때의 모습은 젊었을 때의 모습과는 많이 달랐다. 정리하자면 주원장은 평생 U자형 불안의 궤적을 그렸는데, 젊었을 때는 생존 때문에 불안해했고 말년에는 업적과 권위 때문에 불안해했다. 이 세 가지 불안은 스스로 긁어 부스럼을 만들면서 마음의 감옥이 되어버렸다. 반면 주원장이 평생 일을 처리한 방식은 U

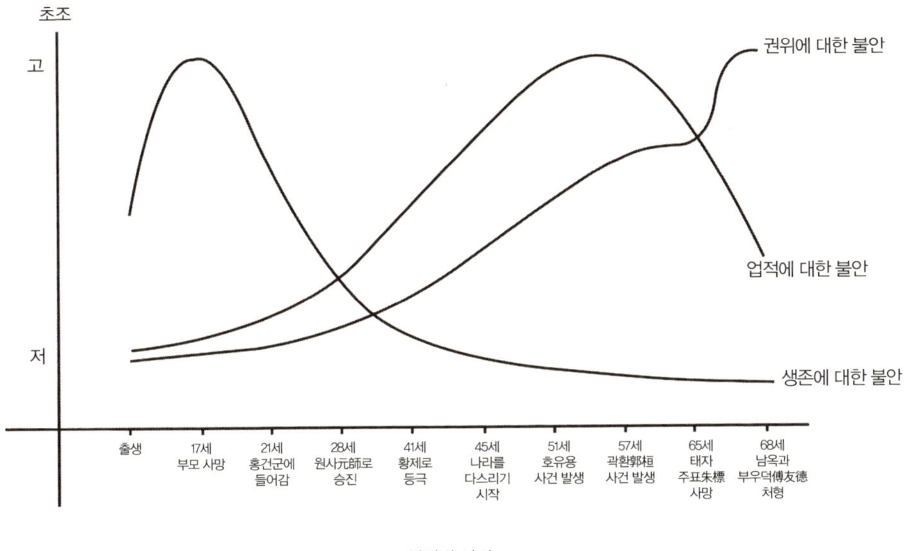

〈그림1〉 주원장의 일생을 지배한 유형별 불안의 추이

자형을 그리지 않는다. 즉 젊었을 때뿐만 아니라 말년에도 무력으로
적을 제거한 것이다.

중팔부터 원장까지 인격분열 추정

주원장은 비천한 신분에서 황제로 도약한 일생을 살았지만 마음
은 오히려 열등감으로 가득 채워져갔다. 업적과 황위에 대한 불안
이 초래한 것이었다. 심리적 부담감은 커져가는데 성과를 낸 일은
적었기에 업적에 대한 불안은 가중되었다. 게다가 안정감을 상실한

〈표4〉 주원장 일생 동안의 심리 변화도

년도	나이	중대 사건	심리적 반응	드러난 행동
1344년	17세	부모와 큰형이 병으로 사망했다. 황각사로 들어가 아동기를 보냈다.	심리적으로 심각한 상처를 입어 안전감을 잃고, 혼절했다.	가족을 지나치게 그리워했고 기분이 자주 가라앉았다. 생활이 매우 수동적이었다.
1344~ 1348년	17~ 21세	허남과 안휘 일대를 유랑했다.	생존에 대한 불안이 상당해서 막막함을 느꼈다.	생활이 막막했다. 생존을 위해 무슨 일이든 해야 했다.
1352년	25세	곽자흥의 홍건군으로 들어가 그의 사위가 되었다.	자신감이 강해졌고 업적을 이루기 시작했다.	능동적으로 일을 처리했고 자신을 더 이상 멸시하지 않았다.
1354년	27세	잃어버린 친척을 찾았고 부원사로 승진했다.	어렸을 때의 심적 상처를 보상받고 안전감과 성취감이 크게 증가했다.	혈육의 정을 중요하게 생각했다. 과감하게 일을 처리하고 도량이 넓어졌다.
1355년	28세	곽자흥이 죽자 그의 자리를 이어받아 원사가 되었다.	자기감정이 아주 좋아졌으나 역사적 사명감은 아직 생기지 않았다.	과감하게 일을 처리하고 도량이 넓었다. 영웅이 되어가는 자신을 만족스러워 했다.
1357~ 1361년	30~ 34세	온 나라에서 어질고 뜻 있는 사람을 폭넓게 불러 모아 진우량과 장사성을 평정했다.	자신감이 한층 더 생기고 역사적 사명감이 생기기 시작했다. 황제라는 심적 부담을 떨쳐냈다.	선현을 본받기 위해 노력했고 천하 통일을 계획하기 시작했다.
1368년	41세	명나라를 세우고 황제가 되었다.	자신감과 성취감이 최고조에 달했고 불안감은 아주 낮았다.	한인 통치 회복을 자신의 자긍심으로 여겼고 자화자찬했다. 당송의 옛 제도를 복구하는 데 주력했다.

년도	나이	중대 사건	심리적 반응	드러난 행동
1372년	44세	온 나라에서 모든 관리를 선발했다. 관리 치리를 강화하고 부정부패를 숙정하기 시작했다.	업적에 대한 불안이 시작되고 자신감이 다소 떨어졌다.	불안과 불면이 시작되었다.
1374년	46세	탐관오리를 처벌했다.	업적에 대한 실패와 좌절감이 한층 증가했다.	탐관오리를 유배 보내거나 사형에 처했다.
1380년	53세	호유용 사건이 터졌다	성취와 권위에 대한 불안이 높아지고 극단적 방법으로 자신의 불안을 해소하기 시작했다.	의심과 정서 불안에 시달렸다. 의심 많고 잔혹하며 난폭한 성격으로 변해갔다. 정장으로 사적인 분을 해소했다.
1382년	55세	공인空印 사건이 발생했다.	성취에 대한 좌절감이 한층 강화되고 나르시시즘 증상이 시작되었다.	더더욱 의심하고 잔혹해졌다. 유아독존식의 고집을 부리기 시작했다.
1384년	57세	곽환 사건이 발생했다.	업적에 대한 불안이 최고조에 달하고 나르시시즘 증상이 두드러졌다.	자신이 잘났다고 고집을 부리는 현상이 습관화되었다.
1392년	65세	황태자 주표가 사망했다. 관리 치리가 효과를 나타내기 시작했다.	권위에 대한 불안이 최고조에 달했고 성취에 대한 불안은 상대적으로 떨어졌다.	의심과 과민함이 극단적으로 변해갔다.
1393~1395년	66~68세	남옥, 보유덕, 풍승을 처형했다.	나르시시즘 성향이 극에 달했다.	잘난 체하며 독단적으로 일을 처리했다.
1398년	71세	숨을 거뒀다.	요순 임금의 수준에 이르지 못함을 한탄했다.	결국에는 모든 것을 반성했다.

나머지 모든 것을 의심하게 되는 헤어나올 수 없는 늪에 빠져버렸기 때문에 황권에 대한 불안은 깊어만 갔다. 주원장은 이 두 가지 불안으로 결국 비극을 초래했고 결과적으로 중국 역사에서 매우 드문 폭군이 되었다.

자신을 낮추어야 할 때는 자신감이 넘쳤고 자신감이 넘쳐야 할 때는 오히려 열등감에 사로잡혔다는 것이 주원장의 비극이다. 중팔로 불렸을 때는 도량이 넓고 자신에 차 있었으며 패기가 가득해 덕망 높고 어진 사람을 예의와 겸손으로 대했다. 그래서 일개 홍건군의 장군에 지나지 않았지만 두터운 신망을 얻었다. 그러나 주중팔과 주원장은 완전히 다른 사람이라고 할 수 있을 정도로, 원장이 된 후에는 점점 더 과민하고 연약하며 제멋대로인 데다가 잔혹하고 포악해졌다. 이처럼 주원장의 두 모습은 어진 임금과 포악한 임금의 뚜렷한 대비를 보인다. 이것은 역대 왕들처럼 정치력이나 황권이 취약해서라기보다는 오히려 주원장 개인의 비극적인 성격 때문이라고 할 수 있다. 주원장은 '나는 요순에 미치지 못했다'라며 임종 전에 후회했다고 한다. 이것은 스스로를 마음속 감옥의 희생자로 인식했음을 보여준다.

주원장의 업적과 잘못을 평가할 때에는 그가 처했던 시대적 배경과 사건 변화도 고찰해야 하지만 주원장 개인의 성격 변화에도 주목해야 한다. 중팔에서 원장으로의 성격 변화는 주원장 말년의 건강 상태, 그가 복용했던 약, 치료 과정과 기상 등을 기록한 홍무 26

년에서 28년 사이의 사료를 통해 증명되어야 한다. 이렇게 해야 정책 결정에 영향을 끼친 주원장 말년의 건강 상태를 다각적이고 입체적으로 파악할 수 있다.

중팔에서 원장으로의 극심한 성격 분열 양상을 추적함으로써 주원장이 어진 임금에서 포악한 임금으로 변모한 원인이 정치 투쟁의 필요보다는 심리적 요인에 있다는 것을 알 수 있다. 이처럼 주원장 말년의 행동 하나하나에 대한 심리학적 분석은 정치학적 혹은 역사학적 관점으로 접근할 때보다 그에 대해 명확하게 보여준다.

불안이란 무엇인가?

간단하게 말해서 불안은 모든 부정적 정서가 한데 섞여 만들어진 두려움의 감정을 말한다. 불안은 위협적인 사건이나 상황 앞에서 고도로 우울하고 초조한 상태로 나타난다. 정신 과민이나 극도의 긴장을 유발하고 심각해지면 생리적, 심리적 기능의 장애를 일으킨다. 불안이 보통 수준일 때는 대부분 걱정, 질투, 고통, 보복 등의 정서를 동반하고 심한 수준에 이르면 아주 흥분하고 고통스러워하며 고함을 지르거나 악몽을 꾼다. 또 보복 심리가 극에 달하고 식욕이 떨어지며 소화와 호흡이 곤란해지고 고도 비만이 되며 쉽게 피로해진다. 극히 심각해지면 생리적으로 영향을 받아 심장 박동이 빨라지고 혈압이 올라가며 구토를 하고 땀을 흘리며 정신적으로 긴장해서 근육이 굳어지는 현상 등을 보인다.

제3장

네로
성장 환경과 사회성의 불길한 연관

네로는 자라면서 부모의 사악한 본성을 물려받았다. 어려서는 아버지를 일찍 여의는 바람에 지나친 사랑을 받았으며, 부모의 못된 짓을 눈과 귀가 닳도록 보고 들으며 자랐다. 네로는 부모 이상으로 사악한 행동을 일삼아서 반사회적 성격 장애의 대명사가 되었다.

고대 로마의 사학자 타키투스Cornelius. Tacitus는 『연대기Annales』에서 "황제의 개인 경기장에서 일부 기독교인은 짐승 가죽을 뒤집어쓴 채 셰퍼드에게 산 채로 물려 찢겨 죽고 또 다른 사람들은 십자가에 묶여 날이 어두워질 때까지 기다리다 캄캄한 밤이 오면 인간 횃불이 되어 불에 타 죽었다. 마부 복장을 한 황제와 군중은 한 무리로 섞여 이 기괴한 장면을 감상했다"라고 썼다.

이렇게 잔인한 행동을 서슴없이 자행했던 악한은 도대체 누구인가? 바로 카이사르의 마지막 자손이자 로마 황제인 네로Nero Claudius Caesar Augustus Germanicus(37~68)다. 네로는 54년 열일곱 살에 황위에 올라 로마제국 역사 속에 등장한 매우 젊은 황제 중 하나가 되었는데, 로마의 율리우스-클라우디우스 왕조의 마지막 황제였다. 예술을 몹시 사랑하여 한때는 피비린내 나는 경기장 공연을 금지한 적도 있지만 잔인무도하고 여색을 밝히며 향락과 사치가 끝이 없고 로마 성을 불태워 기독교인을 박해하는 등 악명을 떨쳤다. 로마 역사상 최악의 폭군으로 유명한 네로는 68년 로마에서 반란이 일어나자 결국 자살로 생을 마감했다.

네로는 왜 그렇게 극악무도해졌을까? 심리학에서는 이를 어떻게 해석을 할지 궁금해지지 않는가?

가족을 잔인무도하게 대하다

네로는 로마 부근의 번화한 해변 도시 안치오에서 태어났다. 아버지는 무고한 백성을 숱하게 살해한 관리로 로마에서 악명이 높았고 어머니 소小 아그리피나(대大 아그리피나의 딸. 대大 아그리피나는 아우구스투스의 손녀)는 칼리굴라Caligula 황제의 친동생으로 그 역시 다른 사람 해치기를 낙으로 삼았다. 네로가 세 살 때 아버지가 죽자 어머니는 클라우디우스 1세 황제와 결혼했다. 어머니는 클라우디우스 1세를 설득해 네로를 양아들로 들인 데 이어 훗날 클라우디우스의 친아들 브리타니쿠스에게 물려줄 황위마저 네로에게 돌아가게 했다. 소 아그리피나는 클라우디우스 1세가 자신의 제안에 대해 고민도 하기 전에 독을 묻힌 버섯을 먹여 죽이고 돈으로 궁정 호위대를 매수해 열일곱의 네로를 새로운 로마 황제로 등극시켰다.

황제가 된 네로는 황태후와 클라우디우스 사이에서 난 열네 살 동생 브리타니쿠스가 자신의 황위를 빼앗지 않을까 우려했다. 결국 그는 연회를 열어 미리 준비한 독약을 동생의 술잔에 집어넣었다. 동생이 독주를 마시고 바닥에서 데굴데굴 구르면서 고통스러워하자 네로는 별일 아니라는 듯 "동생의 간질병이 도진 것뿐이오. 조금 있으면 좋아질 겁니다"라고 하여 그곳에 있던 모든 사람을 아연실색케 했다.

이복동생을 제거한 후 네로는 어머니가 자신의 절대적 권위에 지속적으로 제동을 걸고 간섭하는 것이 성가셔 어머니마저 살해하려는 잔혹한 계획을 세웠다. 어머니를 초청해 해변에서 연회를 즐긴 후 특수 제작한 배로 전송했는데, 이 배가 바다 위에서 산산조각 났다. 그러나 어머니는 익사하지 않고 헤엄쳐 해안가에 도착했고 네로에게 사람을 보내 구조요청을 했다. 안색을 싹 바꾼 네로는 어머니가 보낸 전령을 바닥에 놓인 비수로 찔러 죽였다. 이렇게 어머니의 목숨도 빼앗았다.

네로는 어머니를 살해한 다음 자신의 아내를 악랄한 방법으로 죽일 계획을 세웠다. 열다섯 살에 계부 클라우디우스 황제의 열세 살 된 딸 옥타비아를 아내로 맞았지만 네로는 조용한 성격의 옥타비아를 매우 싫어했다. 얼마 후, 네로는 옥타비아를 섬으로 쫓아버렸고 나중에 사람을 시켜 죽였다. 이 사건이 있고 얼마 후 두 번째 아내인 포파에아 역시 네로의 손에 세상을 떠났다. 어느 날 포파에아가 네로의 늦은 귀가를 불평했다는 것이 이유였다. 그의 세 번째 아내 메살리나는 원래 남편을 죽이고 자신의 아내로 삼은 경우였다. 또 재산을 노린 네로에 의해 무고한 고모도 죽임을 당했다. 일가친척 모두 네로의 이러한 행동을 지켜보며 호랑이 앞에서 벌벌 떨듯 두려워했고 네로가 일찍 죽기만을 바랐다.

잔혹한 공포정치를 하다

64년 7월 18일 저녁, 로마에 큰불이 났다. 이 화재는 꼬박 일주일간 지속되어 열네 구역 중 세 구역이 잿더미로 변해버렸고 일곱 구역이 심각하게 훼손되었다. 이 대형 화재는 네로가 자신의 새 궁전을 짓기 위해 낡은 성을 태워 없애려고 친히 계획한 것으로 알려졌다. 역사는 네로가 무대 의상을 입고 높은 탑 위에 선 채 아래에서 벌어지고 있는 아비규환의 불바다를 구경하며 수금으로 「트로이의 몰락」을 연주했다고 전한다. 민중의 원성이 높아지자 네로는 기독교인이 로마에 방화를 했다고 모함했고 기독교인을 만인의 적으로 몰아붙였다. 당시 기독교인은 대부분 가난뱅이, 노예, 외지인과 같은 사회적 약자여서 로마 화재의 책임을 뒤집어씌우기에 적당했다. 누명을 쓴 기독교인은 사나운 개에게 물어뜯기거나 인간 횃불이 되어 목숨을 잃었다. 네로는 기독교인을 처참하게 살육하여 사람들의 시선을 딴 데로 돌리려 했지만 오히려 로마 사람들의 강렬한 저항만 불러 일으켰다.

훗날 네로는 누군가 역모를 꾸미고 있다며 주변 사람을 끊임없이 의심했다. 온 나라에 계엄령을 선포해 로마를 온통 공포 분위기로 몰아넣었고, 네로가 이름만 대면 바로 사형에 처해졌다. 원로원의 의원, 유명인, 호위대원 등 많은 수가 처형당했고 심지어 네로의 스승이자 고문인 세네카도 네로의 명령 하나로 두 손이 잘려나갔다.

당시 네로는 시비곡직을 불문하고 마음대로 무고한 사람을 죽였으며 황당무계한 행동을 서슴지 않았다. 그는 짐승의 가죽을 뒤집어쓴 채 우리 안의 맹수를 기둥에 묶여 있는 사람들 쪽으로 몰아 멋대로 물어뜯게 하는 황당한 놀이를 즐겼다. 뿐만 아니라 스푸린나라고 불리는 어린 소년을 거세하여 여자로 만들었다. 그런 후, 마치 결혼이라도 하는 것처럼 그에게 황후의 옷을 입혀 마차를 타고 시가지를 돌게 해 사람들의 이목을 집중시켰다.

또한 사복으로 갈아입고 궁을 빠져나가 사람들 괴롭히기를 즐겼다. 연회를 마치고 집으로 돌아가는 사람을 구타했고 감히 저항하는 사람에게는 중상을 입히거나 하수구에 빠뜨리기도 했다. 남녀를 불문하고 성추행을 일삼았고, 상점을 부수고 들어가 훔쳐온 물건으로 궁중에 소규모 시장을 열어 싸게 팔았다. 그리고 이렇게 번 돈은 흥청망청 한꺼번에 탕진했다.

로마 사람들은 네로의 황당하고 포악무도한 행동에 분노하여 들고 일어나 그를 단죄하려 했다. 원로원도 결의를 통과시켜 네로가 로마의 적임을 선포하고 장형杖刑으로 처벌할 것을 판결했다. 이 소식을 들은 네로는 황망히 도망쳤고 결국 스스로 목숨을 끊었다. 죽기 전 그는 "위대한 예술가가 죽으려고 한다"며 한탄했다고 한다.

네로의 반사회적 성격장애 분석

정신의학과 심리학에서는 반사회적 성격장애의 주요한 원인으로 다음 세 가지를 든다. 첫째, 부모의 정신병으로 인한 유전적, 선천적 성격이상. 둘째, 어려서 학대를 받은 경험, 일찍 부모를 잃거나 부모가 이혼을 한 경우 등 성장하면서 겪은 심각한 충격. 셋째, 부모의 지나친 사랑과 같은 잘못된 가정교육. 네로의 출생과 성장 환경에서는 이 세 가지 원인을 동시에 찾아볼 수 있다. 부모의 사악한 본성을 물려받았고, 어려서는 아버지를 일찍 여의는 바람에 어머니의 지나친 사랑을 받았으며, 부모의 못된 짓을 눈과 귀가 닳도록 보고 들으며 자랐다. 네로는 부모보다 지나치면 지나쳤지 못하지 않을 정도로 사악한 행동을 일삼아서 반사회적 성격장애의 대명사가 되었다.

모든 성격장애 유형 중 반사회적 성격장애는 정도가 가장 지나치고 초래되는 결과 역시 가장 심각하다. 관련 조사에 따르면 반사회적 인격 장애자 중 3분의 1이 동일한 범죄를 반복하며 3분의 2는 잔혹한 범죄를 저지른다고 한다. 불같은 성격, 충동적 행동, 사회와 타인 적대시, 공감 능력과 동정심 부족, 책임감과 수치심 결여와 같은 심리적 특징이 이들에게서 공통적으로 드러난다. 이외에도 사회 도덕과 법률이 허용하는 행동 규범을 무시하고 반사회적 언행을 일삼는다. 이들은 불안감과 죄책감을 느끼지 못하기 때문에 처벌은 전혀 소용이 없다. 이러한 특징을 그대로 보여주고 있는 전형적인 인물이 바로 네로다.

관련 상식

반사회적 인격 장애의 원인

반사회적 인격 장애는 정신 병태病態(어떤 병이 나타내는 증상이나 진행 단계) 혹은 사회 병태로 사회도덕과 배치되는 인격 장애다. 정신의학과 심리학에서는 반사회적 인격 장애를 일으키는 가장 주요한 원인으로 다음을 든다. 어렸을 때 부모를 일찍 여읜 경우, 부모가 이혼을 했거나 입양된 경우, 선천적으로 이상 체질인 경우, 사회 환경이 열악하거나 가정 환경 또는 불합리한 사회제도의 영향을 받은 경우, 중추신경계의 발육과 성장이 부진한 경우. 일반적으로 가정이 붕괴되어 부모에게서 버림을 받거나 혹은 방치되어 어렸을 때부터 보호와 사랑을 받지 못하면 반사회적 인격 장애가 나타난다. 반사회적 인격 장애가 있는 사람은 정서가 불안하며 무책임하고 거짓말을 밥 먹듯 해 사기를 잘 치지만 죄책감은 전혀 느끼지 못한다.

제4장

나폴레옹
세상의 중심이라 생각하는 순간
덫에 걸린다

나폴레옹은 신을 하찮게 여겼고 대관식에서 대담하게 스스로 왕관을 씀으로써 하늘이 황권을 부여했음을 부정했다. 이것은 나폴레옹의 끝없는 야심과 나르시시즘을 엿볼 수 있는 사건이었다.

나폴레옹Napoléon Bonaparte(1769~1821)은 프랑스 근대사의 저명한 군인이자 정치가로 프랑스 공화국 제1제정 제1통령을 지냈고 백일천하(1815년 3월 20일 엘바 섬에서 빠져나온 나폴레옹이 파리에 들어가 제정帝政을 부활시킨 뒤부터 6월 29일 워털루 전투에서 패배하여 퇴위한 때까지 약 100일간의 지배)를 이끈 황제였다. 나폴레옹은 코르시카섬 아작시오의 몰락한 귀족 가문에서 태어났다. 군사학교 재학 시절, 계몽사상의 영향을 받아 프랑스 혁명에 참가했고 1793년 자신이 지휘한 툴롱 전투에서 왕당파 군대를 격파하여 공을 세웠다. 1795년 10월에 프랑스군 최고사령관에 올랐고, 1799년 11월 9일(공화력共和曆 두 번째 달 무월霧月[브뤼메르] 18일)에 브뤼메르 정변을 일으켜 임시통령 정부를 세워 제1통령으로 선출되었다. 1804년, 마침내 황제로 즉위해 프랑스 제1제정을 시작했다. 통치 기간에 대혁명의 성과를 공고히 하려는 일련의 조치를 취하여 여러 차례 반프랑스 연맹의 진공을 격퇴시켰다. 그러나 1812년 러시아 원정에 실패하고, 1814년 반프랑스 연맹에게 파리를 함락당하면서 패전의 책임을 지고 엘바 섬으로 유배되었다. 1815년 다시 파리로 돌아와 백일천하를 세웠으나 워털루 전투에 패한 후, 세인트헬레나 섬에 유배되었고 그곳에서 병으로 죽었다.

나폴레옹은 나르시시즘에 빠질 정도로 자신감이 지나쳤다. 자신감과 탁월한 군사적 재능을 발휘한 나폴레옹은 나선 전투마다 대부분 승리를 거둬 유사 이래로 가장 많은 승리를 거둔 장군으로 추앙받았지만 과도한 자부심과 워털루 전투에서의 패배는 그의 정치 생명을 종결짓고 말았다. 나폴레옹은 가장 득의만만할 때 "내 사전에 불가능이란 없다"라는 말을 남겼지만 바로 이 말이 비극의 시작이었다.

왜 이 말이 비극의 시작이 되었을까? 이 말이 프랑스 공화국과 함께 부침을 겪은 나폴레옹의 어떤 심리적 특징을 반영하고 있는 것은 아닐까?

과도한 자신감으로 운명에 도전하다

자신감은 자신의 이미지, 능력, 성격을 긍정적으로 평가하게 한다. 또한 개인이 정한 목표를 실현할 수 있다고 믿는 심리적 경향이다. 자신감은 자신에 대한 정확한 인식에 기초해서 생긴다. 또한 자신의 실력을 올바르게 평가하고 적극적으로 긍정하는 것으로, 자기 인식의 중요한 부분이다. 그러나 과도한 자신감은 자기애적 인격 장애를 낳는다. 자기애적 인격 장애자는 아무런 근거 없이 자신의 업적과 재능을 과대평가한다. 그래서 권력이나 외모 혹은 애정에서 자아도취적인 환상을 품고 다른 사람에게 주목받기를 원하며 다른 사람이 자신을 칭찬하기를 바란다.

나폴레옹은 어렸을 때부터 승부욕이 아주 강했다. 아동기에는 자신보다 한 살 많은 조제프 형을 늘 이기려 했다. 하루는 초등학교 선생님이 아이들을 두 조로 나누어 로마가 카르타고를 물리치는 놀이를 시켰다. 카르타고 조로 편성되자 나폴레옹은 실패자가 되기 싫어서 카르타고 조에 들어갈 수 없다고 고집을 부렸다. 울면서 소란을 피워 놀이를 진행할 수 없게 되자 로마 조로 편성되었던 형 조제프가 나폴레옹과 조를 바꿨고 그때서야 소란이 멈췄다. 아버지는 나폴레옹의 이러한 호기와 호전적인 성격을 알아차리고 나폴레옹이 열 살 되던 해 브리엔 예비 군관학교로 보내 군사훈련을 받게 했다. 입학 후 얼마간 무시당했던 나폴레옹은 친구들이 다시는 자신을 업신여기지 않을 때까지 몸싸움을 벌였고, 결국 아무도 그를 무시하지 않았다.

1789년 프랑스 대혁명이 일어나자 나폴레옹은 포병 소위로 혁명

운동에 적극 뛰어들었다. 1793년 왕당파의 격렬한 반격에 맞서 그해 가을 툴롱을 포위 공격하는 전투에 참가한 나폴레옹은 포병을 적절히 배치하여 적군의 보루를 파괴했고, 비범한 군사적 재능과 용맹을 떨쳐 계속해서 상사에게 발탁되었다. 그 후, 나폴레옹은 이탈리아와 이집트로 출정해 작은 규모의 군대로 여러 차례 큰 승리를 거두었다. 그래서 승리만 따르는 장군이라는 별명을 얻었다. 코르시카 섬의 아작시오라는 작은 마을에서 태어난 시골뜨기에서 일약 프랑스 국민의 열렬한 환영을 받는 영웅이 된 것이다. 이 기간 동안 나폴레옹은 자기를 믿는 것이 신을 믿는 것보다 더 낫다고 생각했는데, 이런 생각이 훗날 자신을 무너뜨린 화근이 되었다.

1799년 10월 9일, 나폴레옹은 500명의 정예군을 이끌고 이집트에서 프랑스로 되돌아왔다. 16일 파리에 도착했을 때 대대적인 환영을 받았고 이런 환영 열기는 운명에 도전하는 나폴레옹의 자신감을 더욱더 부추겼다. 같은 해 11월 9일 나폴레옹은 브뤼메르 정변을 일으켜 공화국의 500인회를 해산시켰고 자신을 필두로 세 사람이 임시 집권하는 체제에 권력을 넘겼다. 이 과정에서 나폴레옹은 강철과 같은 의지와 수완을 발휘했다.

프랑스 대혁명이 성공하고 나폴레옹이 부상하자 유럽 각국 왕실은 충격에 빠졌고 그가 앞으로 엄청난 재앙을 몰고 올 것이라고 여겼다. 이에 1800년, 영국, 러시아, 오스트리아가 함께 제2차 반프랑스 동맹을 결성하여 나폴레옹과 결전을 벌였다. 나폴레옹은 러시아를 끌어들여 동맹에 훼방을 놓았다. 이 와중에 프랑스군이 오스트리아군을 격파하고 영국을 고립시키자 영국은 어쩔 수 없이 1802년, 프랑스와 아미앵 화약을 맺을 수밖에 없었다.

계속된 승리로 나폴레옹은 국내에서의 명성이 하늘을 찌를 듯이 높아졌고 프랑스 공화국 종신통령으로 천거되었다. 그러나 이것도 프랑스 황제를 꿈꾸는 나폴레옹의 욕심을 만족시키지는 못했다. 결국 프랑스 원로회는 1804년 5월 18일 나폴레옹에게 프랑스 황제라는 칭호를 부여했다. 1804년 12월 2일, 파리 노트르담 성당에서 대관식을 거행할 때 교황 피우스 7세가 왕관을 들어 머리 위에 씌우려고 하자 나폴레옹은 느닷없이 제 손으로 왕관을 받아 직접 자신의 머리 위에 쓰고는 또 다른 왕관을 황후 조제핀의 머리에 씌워 주었다. 나폴레옹의 이러한 행동은 참석한 모든 왕공대인을 깜짝 놀라게 했다. 나폴레옹은 신을 하찮게 여겼고 대관식에서 대담하게 스스로 왕관을 씀으로써 하늘이 황권을 부여했음을 부정했다. 이는 나폴레옹의 끝없는 야심을 엿볼 수 있는 사건이다.

광적인 나르시시즘, 유럽 정복을 꿈꾸다

나폴레옹은 이미 프랑스 황제의 옥좌로는 만족하지 못하는 상태가 되었다. 유럽을 정복하여 전 유럽이 프랑스의 뜻에 복종하길 원했고 이 일에 대한 자신감은 그를 점점 나르시시즘으로 빠져들게 했다.

1805년부터 1810년까지 나폴레옹은 외교적 수완과 군사적 수단을 이용해서 세 차례나 반프랑스 동맹을 와해시켰다. 그 결과 나폴레옹의 세력은 최고조에 달했고 유럽 여러 나라를 정복하여 유럽 대륙의 패권을 장악했다. 그는 자신의 친척과 근신을 이들 지방의 국왕이나 대공으로 봉작했고 이로써 자신을 정점으로 하는 새로운 지배 질서를 구축했다. 1810년에 이르러서는 프랑스 황제뿐만 아니라 이탈리아 국왕, 라인 연방국의 보호자, 스위스의 중재인이 되었고 스페인, 네덜란드, 나폴리의 국왕이 되었다. 또한 바르샤바대공국과 기타 속국의 배후 실권자로도 등극했다.

1812년 6월, 나폴레옹은 유럽 정복을 더욱 확실히 하기 위해 50만 대군을 이끌고 러시아 원정에 나섰다. 전투가 연내에 끝날 것이라는 그의 확신과는 달리, 러시아군은 방어선을 단단히 구축하고 주변 지역의 주민과 물자를 다른 곳으로 옮겨 적군이 거점도 함락시키지 못하고 물자도 손에 넣을 수 없게 만들었다. 나폴레옹은 전에 없이 궁지에 몰렸다. 몇 개월이 지나자 러시아에 혹한의 겨울이 찾아왔다. 때마침 프랑스 국내 정국도 불안해졌다. 나폴레옹은 어쩔 수 없이 철수 명령을 내려야 했다. 50만 대군은 매서운 추위와 비바람, 러시아 정규군과 게릴라의 계속된 습격으로 무참히 무너졌고 겨우 2만 7000명의 패잔병만이 파리로 살아 돌아왔다.

나폴레옹이 러시아 원정에 크게 패하고 돌아왔을 때 그의 운명은 이미 쇠락의 길로 접어든 후였다. 1813년 봄에 러시아, 영국, 프러시아, 오스트리아 등의 나라가 제6차 반프랑스 동맹을 조직했다. 양측은 수차례 치열한 전투를 벌였고 프랑스가 여러 차례 승리를 거두기도 했지만 나폴레옹에게는 점점 더 심한 압박에 가해졌다. 같은 해 10월, 프랑스 군대가 라이프치히 전투에서 패하자 속국들은 줄줄이 프랑스로부터 독립했고, 1814년 3월 31일에 반프랑스 동맹군은 마침내 파리를 점령했다. 그해 4월 6일, 나폴레옹은 민심을 잃고 고립되어 퇴위 조서에 서명했고 지중해의 엘바 섬으로 유배되었다. 1년 후, 파리로 다시 돌아와 황위를 차지하고 연합군과 전쟁을 벌였지만, 몰락한 영웅의 집착에 지나지 않았다. 나폴레옹은 결국 워털루 전투의 패배만을 남기고 대서양의 세인트헬레나 섬에 유배되어 그곳에서 여생을 보냈다.

나폴레옹의 나르시시즘 성격장애 분석

자기애라는 말은 영어로 나르시시즘narcissism인데 이 단어의 뿌리는 수선화narcissus다. 나르시시즘이라는 말은 아름다운 고대 그리스 신화에서 유래했다. 미소년 나르키소스는 물 위에 비친 자신의 모습을 보고 사랑에 빠진 나머지 수면을 넋 놓고 바라보다 식욕을 잃고 결국 죽음에 이른다. 죽은 후 한 송이 꽃으로 변신했는데, 후대 사람들이 이를 수선화라고 불렀다. 정신의학 전문의와 임상 심리학자는 자기 자신을 사랑하는 현상을 이 단어로 묘사한다.

〈표5〉 나르시시즘에 젖은 나폴레옹의 명언

내 사전에 불가능이란 없다.

운명은 여인과 같다. 운명이 나에게 해야 할 것을 많이 주면 많이 줄수록 나 역시 많은 것을 요구한다.

나는 한계가 무엇인지 모른다. 세계 제국을 바랄 뿐이고 세계 역시 내가 자신을 통치해 주길 바랄 뿐이다.

파리는 세계의 수도가 될 것이며 프랑스인은 만인이 부러워하는 국민이 될 것이다.
나의 원칙은 프랑스 제일주의다. 태양으로 태어난 국가가 위성으로 전락하는 것을 절대로 허용하지 않겠다.

나는 절대로 국민 앞에 치욕스럽게 서 있을 수 없다. 반드시 위대하고 영광스러운 모습으로 서 있을 것이다.

나폴레옹은 전형적인 나르시시즘 성격 장애자였다. 그의 자신감은 맹목적이었고 다른 사람의 감정은 조금도 고려하지 않은 채 무조건 자기 멋대로 처신했다. 나폴레옹의 광적인 나르시시즘은 자신을 맹목적 자신감이라는 늪에 빠뜨려 몽상과 의지가 현실을 지배하게 했다. 많은 친지와 친구는 한때 나폴레옹에게 너무 자신만만하게 굴지 말 것을 강력히 충고했지만, 그는 이를 한결같이 무시하거나 심지어는 충고하는 사람들과 결별을 감행하는 모습을 보이기도 했다.

나폴레옹은 성공뿐만 아니라 실패하고 나서도 자신만만한 모습을 보였다. 이러했던 나폴레옹의 삶을 통해 지나친 자신감은 나르시시즘을 초래할 수 있고, 나르시시즘은 끝없는 탐욕을 부추긴다는 사실을 깨달을 수 있다. 성공이 때로는 사람을 자신만만하게 하지만 책임져야 할 부담감은 오히려 더 키우고, 신망이 두터우면 두터울수록 오히려 뭇사람의 비난을 받기 쉬움을 그는 깨닫지 못했다. 그래서 나폴레옹은 계속되는 승리에 어떠한 위기의식도 느끼지 못했고 결과적으로 전쟁에서 이길수록 오히려 패배할 가능성을 키웠다.

관련 상식

나르시시즘 성격장애 증상

중국의 정신 장애 진단과 분류 기준에 따르면 나르시시즘 인격 장애의 주요 특징은 다음과 같다. 환상이나 행위가 과장되고 다른 사람의 찬탄을 필요로 하며 공감 능력이 떨어진다. 너무 어렸을 때 성공하면 적어도 다음에서 다섯 가지 이상의 증상을 보인다.

1. 과도하게 자아를 중시한다. 업적과 재능을 지나치게 과장하고 업적이 따르지 못하면 이상을 잘못된 것으로 여겨버린다.
2. 성공, 권력, 영광, 아름다움, 이상, 애정에서 무한한 환상을 추구한다.
3. 자신을 비범한 사람으로 여긴다. 그래서 높은 지위의 인사 혹은 뛰어난 사람만이 자신을 이해할 수 있고 함께 일할 수 있다고 여긴다.
4. 과다한 칭찬을 필요로 한다.
5. 명예심 같은 것이 있어서 특별대우를 받고 싶어하고 다른 사람이 자신을 따르기를 원한다.
6. 자신의 목적을 이루기 위해서 다른 사람의 이익을 빼앗는 등 인간관계를 중요하게 여기지 않는다.
7. 공감 능력이 떨어진다. 처지를 바꾸어 다른 사람의 감정과 필요를 인식하거나 공감하려고 하지 않는다.
8. 다른 사람을 자주 질투하고, 다른 사람이 모두 자신을 질투한다고 착각한다.
9. 교만하고 잘난 체하는 행동과 태도를 보인다.

제5장

히틀러
공격적 인격 장애는
어떻게 복수하는가

히틀러는 비엔나 예술학교 진학의 꿈이 깨지자 예술가의 꿈을 접고 정치적 야망으로 눈을 돌렸다. 불행히도 히틀러의 정치적 야망은 한 민족과 한 국가 심지어 한 시대에 커다란 재앙을 불러왔다.

히틀러Adolf Hitler(1889~1945)는 독일의 국가사회주의독일노동자당(나치스)의 총재이자 제3제국의 원수였다. 나치 독일의 총통이었고 인류 역사상 최대 전쟁인 제2차 세계대전을 일으킨 장본인으로 유명하다. 61개 나라 약 20억 명의 인구가 히틀러가 일으킨 제2차 세계대전에 휘말려 들었고 5700만 명이 사망했다. 히틀러는 정치적 극단주의의 길을 걸었고 아리아 민족의 절대적 우월을 주장한 반사회주의자이자 반유대주의자였다. 세계를 제패하고자 한 그의 꿈은 스스로 무덤을 판 격이 되었는데 살아생전에 거만하고 광포하게 굴다가 결국은 죄과가 두려워 스스로 목숨을 끊었다. 그러나 히틀러는 어렸을 때 전쟁광과는 완전히 다른 모습인 화가를 꿈꾸었다. 회화에 재능을 보였지만 비엔나 미술 대학에 두 번이나 낙방해 예술가가 되고자 한 꿈을 실현하지 못한 히틀러는 완전히 다른 인생 길로 접어들어 정치적 야망을 불태우기 시작했다. 그러나 불행히도 그가 품은 정치적 포부는 한 민족과 한 국가 심지어 한 시대에 커다 란 재앙을 초래하는 결과를 낳고 말았다.

히틀러의 정치적 포부는 무엇이었는가? 그는 왜 잔혹한 인종 말살 정책을 실시하여 광적으로 유대인을 살육했는가? 히틀러의 어떤 심리적 요소가 세계를 제패하고자 하는 망상을 품게 했는가?

좌절된 예술가의 꿈

사람들은 히틀러를 포악한 전쟁광으로만 알지만 사실 히틀러는 그림을 그리는 사람이었다. 젊었을 때는 소묘화가 혹은 수채화가를 꿈꾸기도 했다. 미술의 기초가 튼튼했고 고전적 작풍을 좋아해서 중학교 과목 중 유일하게 회화 과목에서만은 월등한 모습을 보였 다. 훗날 사상이 넓고 심오한 독일 예술을 연구할 결심으로 예술 창 작의 고통을 감내했지만, 비엔나 미술대학 입시에서 낙방했다. 회화 성적이 충분하지 않다는 평가를 받았던 것이다. 히틀러는 "미술 대 학에서 자신을 낙방시킨 것은 세계적인 손실이다"라면서 입시에서 떨어진 일을 훌훌 털어버리지 못했다.

당시 유럽에서는 추상파가 유행하고 있었는데 히틀러의 예술관은 보수적이어서 회화가 추상화 경향으로 흐르는 것에 반감을 보였다. 그래서 스페인 화가 피카소를 겨냥해서 '깜둥이 예술가'라고 비아냥거렸고 그리스와 로마를 기준으로 한 제2차 르네상스를 일으키자고 호소했다. 히틀러는 전통적, 보수적 회화 경향을 그대로 따라 하늘을 그릴 때는 생기발랄하고 격동적이면서도 다양한 색깔 사용을 자제했다. 그래서 전체적인 작품 톤은 암울하고 고풍스러웠다. 또한 건축물을 그릴 때는 투시감이 좋아서 세밀하게 표현해 낼 수 있었지만 사람과 동물을 그릴 때는 매우 엉망이었다. 신체 비율이 맞지 않고 관절 부위가 뻣뻣해서 해부학적 원리에도 어긋나 꼭 죽어 있는 것 같았다. 배경 역시 사실감이 떨어졌다. 히틀러는 바로 이러한 이유로 비엔나 미술대학에 낙방했다.

그 후 히틀러는 중학교를 졸업하지 못해 입학 요건에 미달하는 바람에 건축 학교 입시에도 떨어졌다. 그럼에도 히틀러는 직업도 없이 구직 활동도 하지 않은 채 1913년까지 비엔나에 머물렀다. 계부가 남긴 유산과 고아 보조금을 다 써버린 후에는 아예 비엔나 거리를 유랑하는 부랑자로 빈민굴에 살면서 끼니는 거의 굶다시피 했다. 훗날 그는 "그때는 검은 외투와 굶주림이 나의 유일한 친구였고 그 외는 아무것도 없었다"라고 기억했다. 히틀러는 철로에서 물품 보관소까지 가방을 날라주거나 거리에서 사람들에게 그림을 그려주었고 눈이 내린 날에는 거리를 청소했는데, 그러다 도저히 견딜 수 없을 때는 배급소로 가서 죽을 얻어먹는 것으로 연명했다. 이때 그는 책을 닥치는 대로 읽어 학교교육에서 얻지 못했던 지식을 벌충했다.

이때의 경험은 히틀러의 일생에 큰 영향을 미쳤다. 그는 무정하고 냉혹하며 극단적으로 편집증적인 사람이 되어 버렸고 아리안 민족의 우월성을 주장하였으며 사회주의와 유대주의를 완고하게 반대했다. 동시에 예술을 향한 꿈의 좌절은 자신의 재능이 정치에 있음을 발견한 계기가 되었다. 히틀러는 자서전『나의 투쟁』에 "1918년 11월 9일, 나는 정치가가 되기로 결심했다"라고 기록했다.

복수심으로 가득 차다

심리학적으로 정서란 억압된 무의식적 사상, 감정, 지각, 기억 등이 결합되어 나타나는 생각의 방향성을 말하는데, 한 개인의 사유와 감정에 서서히 영향을 미쳐 특정한 편견과 선호를 형성한다.

히틀러는 평생 동안 복수심으로 응어리진 사람이었다. 그는 맥주집 폭동 사건을 선동하여 감옥에 갇혔을 때『나의 투쟁』이라는 악명 높은 책을 집필했다. 책의 핵심 사상은 '복수'와 '확장'이었다. 여기서 '복수'는 프랑스와 한 번 더 전쟁을 벌여 독일과 프랑스의 영토 분쟁을 근본적으로 해결해 독일의 위상을 제고하자는 것이고 '확장'은 동유럽 영토를 점령하자는 것이다. 즉 무력으로 독일 영토를 확장하여 독일 인민의 생계를 보장하자는 것이다. 히틀러는 또한 평화적 수단으로 해결할 수 없을 때는 주먹으로 해결하자는 터무니없는 말을 하기도 했다. 극단적인 인종주의자이자 반유대주의자로서 히틀러는 『나의 투쟁』에서 "아리아인의 최대 적수는 유대인이다"라면서 유대인을 세계의 적, 모든 사악한 것의 근원, 모든 재앙의 불씨, 인류 질서의 파괴자로 간주했다. 이러한 생각은 히틀러가 수백만 명의 유대인을 살육한 이론적 근거가 되었다.

히틀러는 정권을 잡은 후 이러한 나치주의를 철저히 실행에 옮겨 베르사유 조약 중 독일군의 힘을 제한하는 내용을 파기하고 광적으로 전쟁을 준비했다. 1939년 9월, 독일군은 폴란드를 기습 공격하여 제2차 세계대전의 서막을 열었다. 히틀러는 폴란드를 점령한 후 아우슈비츠 수용소에서 독일과 폴란드의 유대인을 잔인무도하게 살육했다. 1939년 제2차 세계대전 발발 당시 유럽에는 920만 명가량의 유대인이 있었는데 1945년 전쟁이 끝났을 때는 겨우 310만 명만이 남아 있을 뿐이었다. 마찬가지로 제2차 세계대전 발발 시 독일 유대인은 20만 명이었고 1945년 5월에는 겨우 1만 2000여 명만 생존해 있었다.

히틀러가 유대인과 전쟁 포로를 잔혹하게 살육한 모습에서 그의 복수심이 이미 인간성을 완전히 벗어난 수준임을 충분히 짐작할 수 있다. 국제법상 전쟁 포로를 함부로 학대할 수 없지만 히틀러는 그런 규정 따위는 전혀 개의치 않고 소련군의 고위 인물이나 연합군 공군을 체포하는 대로 총살하라고 명령했다. 그래서 제2차 세계대전 중에 소련 공산당 간부가 포로가 되면 몸을 숨기는 경우를 제외하고는 살아 돌아오는 경우가 거의 없었다. 그의 부하들이 전쟁 포로를 총살하는 것은 부당하다고 생각하자 히틀러는 "상대의 속마음을 읽어라. 내가 전쟁 포로의 권리를 고려하지 않고 무참하게 짓밟으면 적들은 전쟁 전에 한 번 더 생각해 볼 것이다"라고 말했다. 히틀러는 또한 "모스크바를 수중에 넣으면 철저하게 파괴하여 투항하지 않은 적에 보복하자"라고 말한 적도 있었다.

히틀러의 복수심은 독일 국민에게도 적용되어 국민들을 매우 냉혹하게 대했다. 1945년 봄이 되자 전황이 심상치 않게 변해갔다. 히틀러는 3월 19일 독일의 군사, 교통, 통신, 산업, 배급 시설을 모두 파괴하라고 명령했다. 집행 명령을 받은 알베르트 슈페어Albert Speer가 이의를 제기하자 히틀러는 "전쟁에서 지면 인민 역시 끝난다. (…) 전쟁이 끝나면 우월한 민족은 모두 사망하고 남아 있는 사람은 어차피 열등한 치들뿐이다"라고 고함질렀다. 4월 12일, 중요한 진지를 포기하는 모든 독일군 지휘관을 사형할 것을 다시 명령했다. 결론적으로 히틀러는 복수심 때문에 머리카락이 주뼛 서게 할 정도로 살벌한 일을 자행한 것이다.

히틀러의 공격적 성격장애 분석

심리학에서는 히틀러를 심각한 공격적 성격이 있는 사람이라고 진단한다. 공격적 성격장애는 행위와 정서에서 충동성이 강한 성격장애를 말한다. 이러한 정서가 있는 사람은 쉽게 초조해하고 화를 잘 낸다. 자신을 통제하기 힘들 정도로 충동적이고 행위상 외향적으로 맹목적인 공격성을 드러낸다. 행동이 이랬다저랬다 변화무쌍하고 행동하기 전에는 극도로 긴장한다. 행동을 한 후에는 쾌락, 만족, 안도감을 느끼며 이로써 원한이나 죄책감이 사라진다. 그래서 히틀러처럼 극단적으로 야만적인 행위를 하고서도 뒷일을 고려하지 않게 되는 것이다.

1939년 8월, 소련과 독일·소련 불가침 조약을 체결한 것은 동서 양쪽에서 한꺼번에 전쟁을 치러야 하는 부담을 피하기 위해서였다. 그러나 그는 서부전선에서 철저하게 승리하기도 전에 소련을 공격하기 위한 준비에 착수함으로써 빠른 속도로 두 전선을 치러야 하는 곤혹스런 상황에 빠져들었다. 당시 독일군 고위층에서는 이 문제를 잘 파악하고 있어서 히틀러에게 소련 공격을 늦추자고 제안했지만 그는 자신의 의견만 고집했다. "나는 소련이 민족 사회주의 이념을 전파하는 독일군 앞에 맥없이 무너질 것이라 생각한다"라는 말로 다른 의견을 물리쳤다. 독일군 총사령부는 어쩔 수 없이 소련 공격을 감행할 수밖에 없었고, 1941년 12월 5일 소련군이 모스크바 성 외곽에 있는 독일군을 총공격하자 패배하고 말았다. 페도르 폰 보크Fedor von Bock 북부 집단군 사령관은 후퇴해야 한다고 주장했지만 히틀러는 후퇴하는 것이 부대에 유리했음에도 이를 결코 허락하지 않았다. 독일군은 소련군의 반격에 잃지 않아도 될 50만여 명의 목숨을 잃는 결과를 초래했다. 모두 히틀러가 고집을 피웠기 때문이었다. 결국 100~150킬로미터를 후퇴해야 했지만 히틀러는 일말의 반성도 하지 않았다.

한때 히틀러의 맹목적이고 터무니없는 정책 결정이 그에게 오히려 영예를 안겨준 적이 있었다. 제2차 세계대전 초기에 히틀러는 상식을 벗어나 대담하고 갑작스럽게 폴란드, 벨기에, 프랑스 등을 공격했다. 이에 독일 군대 총사령부 장군들은 히틀러를 새롭게 보기 시작했다. 소련과의 전투 초기에 히틀러는 편집증적으로 전장의 주도권을 움켜쥐었지만 얼마 못 가 히틀러가 의지만 컸지 현실은 전혀 고려하지 않는, 사람을 참을 수 없게 만드는 미치광이와 같은 사람임을 모두가 알게 되었다. 하인츠 구데리안Heinz Wilhelm Guderian 독일 총사령관은 훗날 과거를 회상하면서 고통스러운 마음으로 이렇게 기록했다. "국가의 원수가 세계의 힘을 동원해서 우리 자신을 패배시킨다." 독일군 총사령관 바로즈 역시 훗날 회고록에서 "히틀러를 위해서 한 일은 아무런 성취감도 없었다"라고 썼다.

히틀러의 중학교 선생은 "히틀러는 천재적 자질이 있었지만 자제력이 부족했다. 예의를 차려 말한다면 웅변술이 아주 뛰어나서 잘난 체했고 독단적으로 일을 처리했으며 성격이 조급했다. 자신이 최고라고 생각했으며 수업의 규칙을 지키지 않고 공부도 열심히 하지 않았다"라고 했다. 히틀러는 어려서부터 습관적으로 망상에 사로잡혀 다른 사람의 비판을 받아들이지 않고 자신의 방식을 고집했다. 또한 예술가적 기질이 풍부했다. 심리학에서는 흥분 상태에 있는 사람은 매우 돌발적이고 기이한 생각을 하게 된다고 말한다. 히틀러는 정신적으로 흥분 상태에 있을 때 영감을 분출했고 창의적인 그림을 그렸다. 비엔나 미술학교 진학이 좌절되어 예술가의 꿈을 접고 정치적 야망을 추구하는 완전히 다른 길을 걷게 된 것은 그뿐 아니라 한 시대에 참으로 안타까운 일이다. 만약 히틀러가 비엔나 미술학교에 진학하고 직업 예술가가 되어 예술가의 꿈을 원만히 이루었다면 인생에 대한 애증을 모두 창작 활동에 쏟아 부었을까? 그랬다면 제2의 반 고흐가 탄생했을 것인가? 히틀러는 히틀러 자신의 비극이자 세계 역사의 비극이다.

관련 상식

공격적 성격장애 분석

공격적 성격장애는 능동형과 수동형으로 나눌 수 있다. 능동형 공격적 성격장애는 주로 긴 세월 동안 지속된 공격적인 언행에서 드러나고 자기 통제력이 부족하여 타인을 공격하고자 하는 충동을 느끼며 공격적 행위가 겉으로 드러난다. 수동형 공격적 성격장애는 공격적 성향이 주로 수동적으로 드러난다. 복종적이어서 남이 시키는 대로 하면서 마음에 적의와 공격성을 가득 품고 있다. 적대감과 공격 성향이 아주 크지만 감히 직접 밖으로 표출하지는 못하며 불평불만이 가득하지만 권위에는 의존적이다.

제2부

인지 장애

인지Cognition는 사람의 뇌가 사물의 특성과 관계를 인식하고, 사물의 의미와 역할을 받아들이는 심리활동이다. 인지에는 사물에 대한 주의, 변별, 이해, 사고 따위가 포함된다. 인지 장애는 일반적으로 자신에 대한 평가와 사회에 대한 인식, 두 가지 측면에 영향을 미친다. 자의식이 형성되는 과정에서 자아를 객관적으로 인식하고 평가하지 못하게 되는 현상을 자아 인지 장애라 한다. 또 개인이 개별적으로 지니고 있던 편견이 인지 과정을 방해하여 인지에 편차가 발생하게 되는데, 이런 현상을 사회 인지 장애라 한다.

제갈량
닮은 사람을 미워하는 마음의 병

제갈량은 위연을 가혹하게 대했는데 사실 이것은 관우의 오만함을 억누르고 싶었던 제갈량의 마음이 위연에게 투사된 것이었다. 위연은 그야말로 관우 때문에 흥하고 관우 때문에 망했다고 해도 과언이 아니다.

제갈량諸葛亮(181~234)은 자가 공명孔明으로 동한 낭야琅琊(지금의 산둥山東성 이수이沂水현) 출신이다. 어릴 때 부모를 여의고 숙부를 따라 형주荊州(지금의 후베이성)로 피난을 갔으며 남양南陽군 융중隆中에 은거했으므로 '와룡臥龍(누운 용)'이라 불렸다. 유비의 군대가 신야新野에 주둔하고 있을 때 참모인 서서徐庶가 유비에게 제갈량을 천거했다. 유비가 삼고초려한 후에야 제갈량은 유비를 만나주었고 그 유명한『융중대隆中對』('천하삼분계책'을 실은 제갈량의 전략 제안서)를 내놓았다. 이때 제갈량은 유비의 신임을 얻어 주요 책사가 되었다. 후에 유비를 도와 적벽에서 조조의 군대를 물리침으로써 촉한은 익주益州에 정착해 위나라, 오나라와 더불어 삼강 구도를 형성했다. 장무章武 3년(223) 봄, 병세가 위중해진 유비는 영안永安에서 제갈량을 불러 후사를 부탁했다. 후주後主 유선劉禪이 즉위하자 제갈량은 승상丞相에 올라 국가 대사를 총괄했고, 건흥建興 12년(234) 8월에 북벌 전장에서 쉰넷의 나이로 생을 마감했다.

위연魏延은 자가 문장文長으로 『삼국지연의三國志演義』에서는 비중이 큰 인물이 아니지만 정사正史 『삼국지三國志』에는 아문牙門장군, 진원鎭遠장군, 진북鎭北장군, 도정후都亭侯, 양주자사涼州刺史 등을 역임하고 전군사前軍師, 정서대장군征西大將軍, 남정후南鄭侯에까지 올랐다고 기록되어 있다. 그러나 끝내 모반죄로 처형되는 파란만장하고 극적인 삶을 살다 갔다. 위연의 모반 사건은 '제갈량 시대'의 3대 의혹 중 하나로 꼽힌다. 위魏·촉蜀·오吳 삼국시대 역사 애호가 중에는 제갈량이 계획적으로 위연을 죽인 것으로 보는 시각도 있고, 양의楊儀 등이 승상 제갈량의 유언을 빌미로 권력 투쟁을 일으킨 것으로 보는 무리도 있다. 사실 논쟁의 초점은 위연의 죽음에 대한 제갈량의 책임 여부다. 사료를 통해 당사자의 심리를 분석해보면 제갈량은 위연에게 확실히 편견이 있었음을 알 수 있다. 게다가 성격이 다른 두 사람 사이에 일어난 충돌은 이런 편견을 키워 결국 위연을 제거해야겠다는 생각으로 나아가게 만들었을 것이다. 이런 심리 분석은 제갈량이 위연 살해를 계획했다는 설을 뒷받침한다.

위연을 향한 제갈량의 생각을 편견이라고 한 것은 실제로 위연이 제갈량이 생각했던 것만큼 악한 인물은 아니었기 때문이다. 위연은 과연 어떤 인물이었고, 제갈량은 왜 위연에게 편견을 갖게 되었을까?

파란만장했던 위연의 일생

첫째, 위연은 확실히 용감하고 지략이 뛰어난 인재였다. 위연의 용맹은 타의 추종을 불허했는데, 그가 내달리는 전장마다 적이 쓰러졌으니 그야말로 아무도 대적할 자가 없었다. 『삼국지』 「위연전」의 기록에 따르면 유비가 위연을 전략적 요충지인 한중漢中을 지키도록 파견하면서 다음과 같이 물었다.

"오늘 그대에게 중임을 맡기려 하는데, 경은 어찌 임하려 하는가?" 위연이 대답했다.

"조조가 천하를 들어 쳐들어온다면 대왕을 위해 이를 막을 것이고, 편장偏將의 10만 군사로 쳐들어온다면 대왕을 위하여 그들을 섬멸할 것입니다."

유비는 결의에 찬 위연의 대답을 듣고 매우 만족해했고 함께 듣고 있던 병사들도 사기가 충천했다. 뿐만 아니라 위연은 전술과 전략 측면에서도 식견이 뛰어났다. 위연이 한중을 지키던 시기에 "모든 전투부대를 동원하여 사방을 포위하고 적의 진격을 막아냈다. 전세가 승리로 기울자 왕평王平이 조상曹爽을 막아내고 적을 제압했다."(『삼국지』 「강유전姜維傳」) 이로써 한중 지역은 오랫동안 안정을 유지할 수 있었다. 위연은 제갈량 휘하에 있을 때 누차 제갈량에게 계책을 간했다. "위연은 제갈량을 수행하여 출정할 때마다 한신韓信의 고사(한신이 한왕인 유방과는 길을 달리해 항우를 공격하였던 책략에서 비롯한 고사)처럼 1만의 군사를 거느리고 각각 다른 길로 가서 동관潼關에서 합하자고 청했다."(『삼국지』「위연전」) 후대 사람들이 가장 흥미진진하게 여기는 계책은 제갈량의 북벌 중 위연이 제안했던 '자오곡子午谷 계책'이다.

둘째, 위연은 충성심이 깊은 신하였다. 『삼국지』「위연전」에는 "위연은 (…) 부곡部曲의 신분으로 선주先主(유비)를 수행하여 촉나라에 들어왔고 여러 차례 전공을 세워 아문장군으로 승진했다"고 기록되어 있다. 부곡이란 세력 있는 지주에게 소속된 개인 무장을 가리키는 말이다. 위연이 부곡의 신분으로 유비를 쫓아 촉나라에 귀의했다는 것은 위연의 신분이 높지는 않았어도 유비의 군대 중에서 직계 부대에 속했음을 보여준다. 『삼국지연의』에서는 위연이 주군이었던 유표劉表를 저버린 후 장사長沙 태수인 한현韓玄을 죽이고 유비에게 투항했다고 묘사되어 있으나 그는 결코 주군을 배반하는 장수가 아니었다.

유비는 한중왕으로 즉위한 후, 위연을 더욱 총애했다. 당시 유비는 한중을 지킬 대장군 한 명을 선택해야 했다. 모두 삼장군三將軍 장비張飛만 한 적임자가 없다고 생각했고 장비 스스로도 그렇게 생각했다. 하지만 유비는 모두의 예상을 깨고 위연을 한중을 감독하는 진원장군에 봉하고 한중태수를 겸하게 했다. 유비와 장비가 '한 침대에서 잘 정도로 절친한 사이'인 것을 감안하면 이 일화는 유비가 위연을 얼마나 신임했는지 잘 보여준다.

위연은 초기에 유비를 위해 생명의 위험을 무릅썼고 후에는 제갈량에게 충성을 다 바쳐 각지에서 전쟁을 치렀다. 적을 토벌하여 한漢나라를 흥성하게 하는 일에 위연만큼 결연했던 이는 없었을 것이다. 제갈량이 여러 차례 북벌을 시도했을 때도 위연은 매번 자신이 선봉에 서겠다고 했다. 제갈량이 사망했다는 소식을 들었을 때도 위연은 다음과 같이 의연하게 말했다고 한다. "비록 승상은 죽었으나 나는 건재하다. (…) 우리는 마땅히 군을 이끌고 적을 공격해야 한다. 한 사람의 자리가 빈다고 해서 어찌 천하의 일을 내팽개칠 수 있겠는가?"

위연은 용맹하고 충성스러웠지만 양의 등과는 불화가 끊이지 않았다. "위연은 (…) 용맹이 남들보다 뛰어났으나 성정이 거만하여 당시 모든 사람이 멀리했다. 유일하게 양의만이 위연에게 지지 않아 위연의 분노를 샀다. 두 사람은 물과 불 같았다." 제갈량이 죽은 후 위연은 "이 위연이 어떤 사람인데 양의의 통솔 아래 퇴각하는 군대의 후방에서 적을 끊는 장수가 되겠는가"라고 했다. 이런 이야기들을 종합해 보면 위연의 모반사건 뒤에는 많은 의혹이 숨겨져 있음을 알 수 있다. 진수陳壽는 다음과 같이 평했다.

"위연이 북으로 가서 위나라에 항복하기보다 남쪽으로 되돌아가려 한 것은 양의 등을 죽이고자 했기 때문이다. 그렇게 하면 평소 자신에게 동조하지 않았던 여러 장수도 자신을 제갈량의 후계자로 인정하게 될 것이라고 생각한 것이다. 이것이 위연의 본심이지 결코 모반을 일으키려고 한 것이 아니다."

필자가 볼 때 위연이 명령에 따르지 않고 독자적으로 군사를 이끌고 남쪽으로 돌아가 잔도棧道(낭떠러지 사이에 낸 길)를 불태워 촉나라의 내란을 일으킨 것은 의심할 여지 없는 사실이다. 당시 후주(유선)는 이미 장완蔣琬에게 군사를 이끌고 북상하여 위연을 공격하게 했다. 용맹과 지모가 출중하고 나라를 사랑하는 장수가 나라를 어지럽힌 것은 분명 감정적이고 비이성적인 행위였다. 그러나 위연의 이런 비이성적 행위의 근간에는 그를 폄하하고 억압한 제갈량이 있었다고 할 수 있다.

위연이 진정으로 승승장구했던 시기는 유비가 살아있던 때였다. 제갈량 시대가 된 후, 위연은 표면적으로 여전히 고위 관직에 있었지만 줄곧 제갈량의 견제와 탄압을 받았다. 지위와 걸맞지 않은 권력은 사람을 매우 답답하고 괴롭게 만든다. 『삼국지』에는 다음과 같이 기록되어 있다. "건흥 6년, 제갈량이 군을 이끌고 기산祁山으로 향할 때 경험 많은 장군인 위연과 오일吳壹 등이 함께했다. 모두 당연히 이들이 선봉이 되어야 한다고 말했지만 제갈량은 뜻밖에도 마속을 뽑아 선두에서 대군을 이끌게 했다."(『촉서蜀書』「마속전馬謖傳」)
제갈량이 중요한 전투에서 위연을 배제한 것이다. 앞서 말했듯 위연
은 여러 차례의 북벌에서 홀로 전투 일부를 담당할 수 있을 만한 용
맹과 지략을 겸비했다. 그러나 제갈량은 위연을 기껏해야 전장의 선
봉으로 내세웠을 뿐 "위연이 제갈량을 수행해 출병할 때마다 1만의
병사를 청했으나 (…) 제갈량은 허락하지 않았다". 장군으로서 독자
적으로 병사를 이끌 권한조차 없었으니 제갈량이 위연을 지나치게
통제했다는 느낌을 지울 수 없다. 입장을 바꿔 생각해보면 자부심
이 그토록 강했던 위연이 능력을 제대로 발휘할 수 없었으니 속으로
얼마나 괴로웠을지 짐작하고도 남는다.
　제갈량이 위연을 얼마나 배척했는지는 후사를 대비하는 대목에
서도 극명하게 드러난다.

　　"가을, 제갈량이 병으로 쓰러지자 은밀하게 장사長史 양의, 사마
　　司馬 비의費禕, 호군護軍 강유 등을 불러 자신이 죽으면 전군을 철
　　수하되 위연에게는 후방의 엄호를 맡기고 강유가 그 뒤를 잇도록
　　할 것이며 만약 위연이 명령에 따르지 않는다 해도 상관하지 말고
　　군을 출발시킬 것을 지시했다."(『삼국지』「위연전」)

　주군인 제갈량의 병이 위중하여 철군을 은밀히 모의하는 자리에
장사와 사마, 호군 등이 모두 모였지만 전군사, 정서대장군, 가절,

한중태수, 남정후 등의 직책을 역임했고 제갈량 다음으로 높은 지위에 있었던 위연이 제외되었다는 것은 제갈량이 그를 일부러 배제했음을 보여준다.

제갈량은 어째서 여러 차례 위연을 억압하고 배제했던 것일까? 필자는 성격 충돌과 감정전이transference에서 그 원인을 찾는다.

제갈량과 위연의 성격 충돌

제갈량과 위연을 언급할 때 빠질 수 없는 것이 바로 위연의 '자오곡 계책'이다. 『삼국지』 「위연전」의 주석에 인용된 '위략魏略'에는 다음과 같은 기록이 있다.

"들기로 하후무夏侯楙는 어려서 주군 즉 조조의 사위가 되었으나 겁이 많고 꾀가 없다고 합니다. 지금 저 위연에게 정예 병사 5000과 부량負糧(군량을 짊어질 군사) 5000을 주신다면, 곧장 포중褒中에서 진령秦嶺을 돌아 동쪽으로 진군하여 자오에 당도한 뒤 북쪽으로 향할 것이니 10일도 지나지 않아 장안에 도착할 수 있습니다. 하후무는 저 위연이 갑자기 들이닥쳤다는 소식을 들으면 반드시 배를 타고 도주할 것입니다. 장안長安에는 오직 어사御史와 경조京兆 태수만이 있을 것이고 횡문橫門의 저각邸閣(곡식 저장고)과 도망간 백성들이 버리고 간 곡식만으로도 먹기에는 충분할 것입니다. 동방東方(위나라)에서 군사들을 취합하는 데도 20일은 걸릴 것이니 제갈공께서 야곡斜谷에서 장안에 도달하기에는 충분합니다. 이와 같이 한다면 한꺼번에 함양咸陽 서쪽을 평정할 수 있습니다."

당시 한중 북쪽에서 출발하여 진령을 넘어 관중으로 가는 길은 포야도褒斜道, 당락도儻駱道, 고도故道, 자오도의 네 갈래가 있었다. 그중 자오도는 가장 험하고 먼 길이지만 위나라군의 방비가 허술하여 장안까지 쉽게 갈 수 있는 길이었다. 위연은 제갈량에게 자신은 5000의 주력군을 이끌고 자오곡을 지나 장안을 기습하겠으니 제갈량은 대군을 이끌고 포야도로 지나도록 건의했다. "제갈량은 이 계책이 위험해서 안전하게 평탄한 길을 따라 농우隴右를 평정하는 것만 못하다고 여겼다. 십전필극十全必克(완전무결하여 반드시 이김)을 추구하고 허점을 허용하지 않는 제갈량이었기에 위연의 계책을 쓰지 않았던 것이다." 그러나 후세의 많은 이들은 이것이 위연에게 공평하지 않은 처사였다고 지적한다. 송나라의 진조陳造는 "위연의 계책을 따랐다면 제갈량은 장안을 차지했을 것"이라고 단언했다. 반면 일부 학자는 제갈량의 걱정도 일리가 있다고 보았다(표6).

역사에서 이와 관련한 군사적 논쟁은 매우 오래된 것으로, 필자는 경솔하게 결론을 내릴 생각은 없다. 다만 서로 상반된 주장을 할 수밖에 없었던 두 사람의 성격 차이에 주목하고자 한다.

<표6> 자오곡 계책을 둘러싼 위연과 제갈량의 시각 차이

위연	제갈량
재주가 뛰어나고 담이 커서 직접 군대를 이끌면 파죽지세와 같을 것이다.	자오곡은 길이 험하고 협소하여 지키기는 쉬우나 공격하기는 어려우니 함부로 진격하기에 적절하지 않다.
하후무는 틀림없이 성을 버리고 도주할 것이다.	하후무가 성을 버리고 도주하지 않을 가능성도 염두에 두어야 한다.
장안에 입성하면 20여 일은 지킬 수 있으니 대부대가 충분히 합류할 수 있다.	장안을 공격한다 해도 반드시 지킬 수 있는 것은 아니며, 20여 일을 지킬 수 있다 해도 대부대를 기다리기에 충분하지 않을 수 있다.
적은 수로 많은 적을 상대해야 하니 응당 상대의 허를 찔러 승리해야 한다.	적은 수로 많은 적을 상대해야 하니 행동을 신중히 하고 철저히 방어하여 불필요한 손실을 피해야 한다.

군사 운용과 관련한 제갈량의 우려는 신중한 성격과 관련이 있다. 신중한 성격에 대해서 제갈량 자신도 부인하지 않았으며 유비가 자신을 그렇게 신뢰했던 것도 신중함 때문이었음을 스스로 잘 알고 있었다. 제갈량은 출사표에서도 이것을 언급하고 있다. "황제 유비께서는 신의 신중함을 아셨기에 서거하시기 직전 신에게 큰일을 맡기셨다." 이처럼 신중한 성격의 제갈량이 뽐내기 좋아하는 위연을 좋아하지 않은 것은 당연한 일이었다. 위연의 계책이 아무리 뛰어나고 진취적인들 제갈량에게 높은 평가를 받지 못한 것 또한 당연한 일이었다. 게다가 자신의 재능만 믿고 오만하게 구는 위연의 성격은

두 사람의 갈등을 키워 첨예한 대립 구도를 형성했다. 위연은 제갈량의 미움을 받을수록 더욱 자신을 드러내고자 했다. 그래서 "늘 겁이 많은 제갈량 때문에 자신의 재주가 제대로 쓰이지 못한다고 한탄했다". 당시 제갈량은 촉나라의 권력을 혼자 좌지우지하고 있었고 모든 일에 완벽을 기했기에 나라를 다스리고 군사를 움직이는 자신의 방식에 누군가 문제 제기하는 것을 용납할 수 없었다.

완벽을 추구하고 이미 정해진 방침을 관철시키려 한 것은 사실이지만 그렇다고 제갈량이 고집을 부리며 남의 말을 듣지 않는 독단적인 인물은 아니었다. 그리고 많은 문신과 무장이 모두 의기투합하기란 실로 어려운 일이다. 그렇다면 어째서 위연만 유독 제갈량의 온갖 억압에 시달리고 두 사람만 유독 감정의 골이 깊어진 것일까? 여기서 우리는 '운장에서 문장으로의 감정 전이'라는 또 다른 개념을 생각해볼 수 있다.

운장에서 문장으로의 감정 전이 분석

위연의 비극은 자신조차 이를 전혀 예상하지 못했다는 점에 있다. 그래서 참수형을 당하면서도 영문도 모른 채 맞이한 이 기구한 운명에 울분을 토해냈다. 그러나 위연이 사실 어떤 인물로 인해 운명이 미리 정해져 있었음을 심리학적 분석은 밝히고 있다. 그는 삼국시대를 호령한 관우로, 위연은 그를 무척이나 닮았던 것이다(표7).

〈표7〉 관우과 위연 비교표

대상	관우	위연
자	운장雲長	문장文長
외모	얼굴은 대추 같고 눈은 붉은 봉황을 닮았으며 눈썹은 누운 누에와 같이 길고 굽었다.	키가 9척이고 얼굴은 대추 같았으며 눈은 밝은 별과 같았다.
무기	청룡언월도	대도
성격	병사를 선대했고 사대부를 경시했다.	사병을 잘 기르고 용맹이 남보다 뛰어났으나 성정이 교만하여 모두 그를 피했다.

이 때문에 유비와 제갈량 모두 관우에 대한 감정이 위연에게 전이되는 경험을 했다.

심리학에서 감정전이란 한 개인이 자신의 인생에서 중요한 인물이나 사건, 환경에 대해 갖는 애정과 증오를 다른 인물이나 사건에 투사하는 심리를 말한다. 이는 주로 아무 이유 없이 특정 인물, 사건, 장소, 물건, 환경 등을 좋아하거나 적대시하는 경향으로 나타난다. 유비가 위연을 총애했던 것은 순방향 감정전이, 제갈량이 위연에게 반감을 품은 것은 역방향 감정전이다.

유비와 관우가 "한 침대에서 잠을 잘 정도로 친형제 같았다"(『삼국지』「관우전」)는 기록을 보면 둘 사이의 우애가 얼마나 깊었는지 알 수 있다.

장비와 비교해 관우는 무예, 담력, 식견이 출중했을 뿐만 아니라 책략이 뛰어나고 일 처리가 진중했기에 유비의 두터운 신임을 받았다. 한편 위연은 유비의 직계 부대 출신으로 출중한 능력을 발휘하여 여러 차례 전공을 세웠다. 한중왕에 오른 유비는 의형제 중 막내인 장비를 제쳐 두고 위연을 진원장군으로 책봉하기까지 했다. 이것은 유비가 관우 못지않게 위연을 총애했음을 보여주는 대목이다.

반면 제갈량과 관우의 관계는 그리 순탄치 않았다. 제갈량은 은거했던 곳을 떠나 유비를 보좌하게 되면서 자신이 유비의 네 번째 의형제가 되려고 결심했다. 유비를 보좌하면서 나라를 회복하고자 하는 자신의 구상을 실현하려면 유비가 가장 신뢰하는 사람이 되어야 하기 때문이었다. 그러나 제갈량은 유비의 의형제들을 넘어서기가 힘들었다. 때문에 제갈량은 비교적 신중하게 관우를 대했고 마음을 숨기기도 했으며 가끔은 아첨도 했다. 관우가 양양襄陽 태수를 맡고 있을 때 마초馬超가 투항해 오자 관우는 제갈량에게 서신을 보내 마초가 어떤 사람인지 물었다. 제갈량은 관우의 오만함을 익히 알고 있었기에 곧 다음과 같이 답장을 보냈다. "마땅히 익덕翼德(장비)과는 각축전을 벌일 수 있겠으나, 미염공美髥公(제갈량은 수염이 아름다운 관우를 일컬어 염髥이라 불렀다)의 뛰어남에는 미치지 못할 것입니다." (『삼국지』「관우전」) 사실 이 말은 가식임이 분명하지만 관우는 성격이 거만하고 고집스러우며 자부심이 강했기에 제갈량이 자신을 비꼬고 무시한 편지의 내용을 오히려 자랑거리로 삼아 사람들에게 떠벌리고 다녔다. 제갈량은 일생 신중함을 근본으로 삼고 일을 처리해 왔으므로 그처럼 함부로 지껄이는 사람을 가장 싫어했다. 하지만 관우는 주공 유비의 의형제 중 첫째 아우이며 중국 전역에서 명성이 자자한 대장군이었으므로 제갈량도 어느 정도 관우를 공손히 대할 수밖에 없었다. 그러다 결국 관우는 대업을 그르쳐 형주를 잃고 말았다.

제갈량이 죽어서도 눈을 감지 못했던 것은 중원을 수복하지 못했기 때문이었다. 중원을 수복하지 못한 근본적 원인 중 하나가 바로 관우가 형주를 잃은 여파였으니, 제갈량은 관우에게 형언할 수 없는 실망감을 느낄 수밖에 없었다. 관우는 제갈량이 제시한 책략인 '동화손권東和孫權(동쪽으로 손권과 화친한다)'을 따르지 않아 앞뒤에서 적의 공격을 받게 되었고 결국 형주를 잃고 말았다. 이 때문에 유비와 제갈량의 중원 수복과 한漢황실 보위 계획은 차질을 빚었다. 하지만 신묘한 지략과 계책을 뽐낸다는 제갈량은 관우의 군대가 패전하고 결국 관우가 죽음에 이르게 된 몇 차례의 전투에 전혀 개입하지 않았다. 또 관우가 죽은 뒤, 유비가 몸져누울 정도로 슬피 울자 제갈량은 "주군, 너무 괴로워하지 마십시오. 자고로 삶과 죽음은 정해져 있다 하지 않습니까. 관우공은 평소 고집이 세고 거만하여 오늘의 이런 화를 자초한 것입니다"라고 했다. 역사학계에서는 제갈량의 이러한 태도를 탐탁지 않게 여긴다. 그러나 심리학에서는 제갈량이 장군과 재상의 경쟁이 불러온 억압적인 정서를 해소하지 못한 채 너무 오랫동안 시달려왔기 때문이라고 본다.

하지만 공교롭게도 촉나라에는 외모부터 성격에 이르기까지 운장(관우)과 매우 비슷한 위문장(위연)이 있었다. 게다가 고대 중국어에서 '문'과 '운'은 발음이 유사하여 '문장'을 들으면 '운장'이 곧바로 떠오를 정도였다. 그런데 문장은 촉나라 진영에 뒤늦게 합류한 인물이었으므로 제갈량은 그를 존중할 필요가 전혀 없었다. 따라서 제갈량은 기회만 되면 기세등등하게 위연을 억압하여 무의식적으로 관우에 대한 원한을 해소했다. 관우는 이미 죽어 잘잘못을 가릴 수 없었지만 위연은 그 말과 행동 하나하나가 관우가 살아 돌아온 듯하니 제갈량의 마음속에 증오심이 생겨나지 않을 도리가 없었던 것이다. 특히 10여 일 이내면 도달할 수 있었던 길을 관우가 형주를 잃는 바람에 출정할 때마다 멀리 기산을 돌아가야만 위수渭水 일대에 겨우 이를 수 있었는데, 이런 상황에서 위연은 눈치도 없이 매번 혼자 군대를 이끌고 출정하겠다고 주장했다. 하지만 어떻게 이길 수 있을지 구체적인 계획도 없었고 식량 공급마저 보장하지 못한 상태였다. 제갈량에게 이것은 과거에 걸핏하면 '500이라는 적은 병사로 큰 도시를 취하자' 했던 관우의 허언과 다를 바 없었다. 관운장은 대의를 좇다 형주를 잃었고, 위문장은 경솔하게 장안을 공격하자고 했으니 제갈량이 어찌 달가워할 수 있었겠는가?

이렇게 해서 운장에 대한 제갈량의 감정이 문장에게 전이되었고 시간이 흐를수록 위연에 대한 증오심이 커져갈 수밖에 없었다. 따라서 제갈량이 위문장을 억압한 것은 사실 관운장의 오만한 기세를 억누르려는 마음이 투사된 행동이었다. 제갈량은 촉나라에서 자신을 제외하면 위연의 지략이 가장 뛰어나다는 사실을 잘 알고 있었지만 임종 전 일부러 위연의 적수인 양의를 우두머리로 내세웠다. 이는 명백히 반역을 꾀할 수밖에 없는 상황으로 위연을 내몬 것이었다. 결론적으로 위연에 대한 제갈량의 불공정한 처사의 원인은 제갈량과 관운장의 갈등으로 거슬러 올라가며, 제갈량이 관운장에게 품었던 감정이 위연에게 전이된 것임을 알 수 있다. 위연의 일생은 관우 때문에 흥하고 관우 때문에 망했다고 해도 과언이 아니다.

순방향 전이, 역방향 전이, 반反 전이

지그문트 프로이트Sigmund Freud는 최초로 전이 현상을 발견하고 이를 정신분석학 심리 치료에 적용한 인물이다. 프로이트는 전이란, 환자가 상담자에게서 자신의 유년과 과거에 존재했던 특정한 인물과 닮은 점을 발견하고 그 인물에 대한 감정과 반응을 상담자에게 옮기는 것이라고 정의했다. 순방향 전이와 역방향 전이는 상호 대응되는 개념으로 전이의 내용과 성격을 설명한다. 순방향 전이란 환자가 상담자를 자신에게 즐거움과 행복, 호감을 주었던 대상으로 인식하고 상담자에게 긍정적인 감정을 투사하는 것이다. 반면 역방향 전이는 환자가 과거에 자신에게 좌절과 고통 또는 압박감을 주었던 대상으로 인식한 상담자에게 부정적인 감정을 투사하는 것이다. 반 전이는 전이의 상대 개념으로, 상담 관계에서 상담자가 환자에게 보이는 전이를 말한다.

이홍장
순진한 진심과 빗나간 충심

이홍장의 잘못 중 하나는 서양 열강에 '진심'을 다하고 강도를 양심으로 대한 것이었다. 또 다른 한 가지는 어리석은 주군에게 '충심'을 바쳤다는 점으로, 그야말로 어리석은 충심이라 할 수 있다.

이홍장李鴻章(1823~1901)은 자가 자불子黻, 점보漸甫이며 호는 소전少荃, 의수儀叟로 안휘安徽성 합비合肥 출신이다. 그는 중국 근대사에서 핵심적인 인물이다. 도광道光 27년(1847)에 진사進士에 합격했고 증국번曾國藩 문하에서 배웠으며 경세치용經世致用의 학문을 추구했다. 젊어서는 학문을 접고 종군하여 혁혁한 공을 여러 차례 세웠고, 중년에는 국경을 지키는 총독을 맡아 양무운동을 추진했다. 말년에는 중추中樞의 자리에 올라 외교정책을 주관했다. 그는 청나라 말기에 40여 년이나 활동해 건국 이래 가장 오랜 기간 집권한 인물로 꼽힌다. 조정에서는 그를 총애했지만 나라를 팔아넘기는 조약에 연이어 서명해 나라에는 수치스러운 존재가 되었고 죽고 나서도 세상의 질타를 받았다. 량치차오梁啓超는 『이홍장전』에서 이렇게 썼다.

> "이홍장은 재능은 훌륭하나 식견이 얕아 가련한 처지에 있다. (…) 당시 중국은 통제가 불가능할 정도로 혼란했으며, 외교적으로는 속수무책으로 당할 수밖에 없는 상황이었다. 이홍장보다 10배 뛰어난 사람이라 할지라도 외교 무대에서 주장을 하기는커녕 참는 수밖에 없었다. (…) 나는 두 문장으로 그를 논하고자 한다. 배우지 않아 학식이 일천해 감히 격식을 깨지 못하는 것은 그의 단점이다. 수고를 마다하지 않고 비방을 두려워하지 않는 것은 그의 장점이다."

후대의 평가가 어떻든 이홍장이 청나라 말기 정치권에서 서양과의 교류에 가장 능했으며 상당히 탁월한 외교 수완을 지녔다는 사실은 부인할 수 없다. 그러나 동시에 그의 외교 정책은 번번이 나라를 팔아넘기고 국민에게 피해를 줬다는 세간의 비난을 받았다. 이홍장은 어떻게 갖은 굴욕을 참고 스스로 의미 있다고 여기는 사명을 완수할 수 있었던 것일까? 그의 행동에는 어떤 심리적 동기가 숨어 있었을까?

이홍장의 첫 번째 심리적 과오:
서양인에게 진심을 요구하지 않다

젊은 시절 이홍장은 건장한 사내로 호불호가 분명하고 행동에 거침이 없었다. 예를 들면, 일찍이 은사인 증국번이 자신의 벗 이원도李元度를 공정하게 대하지 않는다는 이유로 결연히 스승을 떠났으며, 여러 번 승리를 거둔 부대의 영국인 통령統領(청나라 말기의 무관으로 오늘날의 여단장에 해당함) 고든이 명령에 따르지 않는다 하여 그에게서 군권을 빼앗기도 했다. 또한 1865년 주구향朱九香에게 보낸 편지에서는 열강이 중국을 능욕하는 상황에 대해 이렇게 섰다. "외국이 이렇게까지 날뛰는데 중국이 속히 부강해지지 않는다면 앞으로 어찌 홀로 설 수 있겠는가!"

이홍장이 훗날 갈수록 패기가 없어지고 나약해진 것은 대체로 증국번에게 잘못 배웠기 때문이다. 한번은 '서양인과 어떻게 교섭해야 하는가' 하는 증국번의 물음에 이홍장이 대답했다.

"서양인이 무슨 말을 하든 그와 '무뢰배 말투'(과장하고 허풍을 떨며 선수를 쳐서 상대의 기선을 제압한다는 의미)로 이야기하면 됩니다." 증국번은 오랜 침묵 끝에 말했다.

"나는 그래도 진심이 중요하다고 생각하네. 진심은 사람을 감동시킬 수 있지. 서양인도 사람이니 진심으로 대한다면 분명 마음을 움직일 수 있을 걸세."

이홍장은 이 말을 가감 없이 받아들여 그 후 서양인을 대할 때 '진심'을 다하지 않은 적이 없었다. 예를 들면, 이홍장이 북양대신北 洋大臣으로 있을 때 독일 해군 장교 한 명이 천진天津을 방문했는데 그의 군함 참관에 이홍장을 초청했다. 그런데 참관 당일, 큰 바람이 부는 바람에 항해가 어렵게 되자 독일군 장교가 약속을 취소하면 어떻겠냐고 제안했다. 뜻밖에도 이홍장은 성의를 보이기 위해 통역 사까지 대동하고 작은 배로 독일 군함에 당도했다. 이에 독일 장교 는 크게 감동하여 이홍장에게 말했다. "당신은 참으로 신의를 지킬 줄 아는 분이군요. 성정이 이렇게 굳세다니, 정말로 존경스럽습니 다!" 외국 열강은 이홍장이 보여준 진심과 신의를 높이 샀고 청나라 와 협상할 때 하나같이 이홍장을 유일한 협상 파트너로 꼽았다. 그 중에서도 미국 대통령인 율리시스 그랜트Ulysses S. Grant는 그를 '극 동에서 제일가는 정치가'라고 높이 평가하며 특별히 여겼다.

이홍장은 증국번에게 진심의 중요성을 배운 후부터 줄곧 서양인 에게 진심과 신의를 다했지만 정작 서양인에게는 진심과 신의로 대 해줄 것을 강력히 요구하지 않았다. 이것이 그의 가장 큰 잘못이었 다. 심리학적으로, 이홍장의 잘못은 경직된 사고로 나쁜 결과를 초 래했다. 경직된 사고란 매우 뚜렷한 방향성을 지닌 개인의 의지와 판단을 말한다. 이는 문제를 매우 협소하고 편중되게 바라보게 할 뿐만 아니라 사실을 왜곡하고 부인해서라도 자신을 변명하게 만든 다. 또한 생각에 융통성이 없어지고 한쪽 말만 곧이곧대로 듣게 되며 심지어 자신과 남을 속일 수도 있다.

이홍장의 두 번째 심리적 과오: 어리석은 주군에게 충성을 논하다

　이홍장은 20여 년 동안 청나라 말기 외교를 주관하면서 타협의 자세로 모든 일을 처리했는데, 심지어 "서양과 업무를 처리할 때 '사건의 무마'를 핵심으로 한다"고 공개적으로 밝혔다. 예를 들어 1875년과 1876년 사이에 있었던 마가리 살해사건(영국 영사관의 서기 A. R. 마가리가 윈난雲南으로 가던 중 살해된 사건)을 처리할 때 이홍장은 영국이 이 사건에서 양국 간의 조약을 전반적으로 위반했고 또한 국제법을 위반했음을 명백히 알면서도 '사건의 무마'를 위해 자세를 낮추었다. 그리고 지부조약芝罘條約을 맺음으로써 10여 년 동안 침략 권한을 확대하려 했던 영국의 요구를 들어주었다. 1885년에 중국과 프랑스 사이에 충돌이 생겼을 때도 중국 군대가 베트남에서 프랑스군에 참패했던 사실은 아랑곳하지 않고 무턱대고 타협과 화친만을 앞세워 국가의 이익을 기꺼이 팔아넘겼다. 결국 청·프랑스 조약을 체결함으로써 중국이 '이겼는데도 지는' 결과를 초래했다. 뿐만 아니라 1895년 시모노세키 조약을 체결할 때 이홍장은 중국의 체면을 완전히 깎아내리는 상황까지 만들고 말았다. 대만을 잃은 것은 논외로 치더라도 일본에 은 2억 냥을 배상금으로 지급하기로 한 것이다.

많은 사람이 이홍장이 추구하는 안정 지향 정책을 크게 반대했다. 그중에는 이홍장의 정치적 적수(좌종당左宗棠 등)와 부하(류명전劉銘傳 등), 친구(증기택曾紀澤 등)도 있었다. 특히 증기택은 증국번의 만아들로 진정한 애국자였다. 그는 1880년 외교 사절로 프랑스와 러시아에 가서 중국을 압박하는 외국 열강에 거세게 저항했고, 1885년 청·프랑스 전쟁 때는 프랑스의 침략에 저항할 것을 결연히 주장했으나 훗날 이 때문에 프랑스 주재 공사의 직책을 잃게 되었다. 그리고 1886년 귀국 이후 이홍장의 견제와 배척을 받아 결국 억울한 죽음을 맞이했다.

이홍장은 조정과 재야의 비난에 위축되지도, 반박하지도 않고 모든 것을 자신의 뜻대로 처리했다. 왜냐하면 그는 이 모든 것이 꼭 필요한 타협이자 서태후의 뜻을 따르기 위함이라고 생각했기 때문이다.

이홍장이 독단적으로 행동할 수 있었던 것은 자기 합리화 기제가 작용했기 때문이었다. 합리화 기제란 사물이 실제와 신념에 부합하지 않을 때 사물을 왜곡함으로써 걱정을 떨쳐버리고 내면의 평정을 찾는 방법을 말한다. 이홍장의 합리화 기제는 죽음도 마다하지 않을 정도로 서태후의 뜻을 전력으로 받드는 데서 두드러지게 나타난다. 이홍장은 서태후가 승인한 일이라면 아무리 욕을 먹고 오해를 받는다 해도 받아들이고 따랐다. 이러한 충성심은 그가 합리화 기제를 작동시킨 근원이자 그의 심리적 자질을 형성케 한 본질이다.

이처럼 이홍장과 서태후의 관계는 공친왕恭親王, 좌종당, 장지동張之洞 등과의 관계보다 훨씬 두터웠다. 하지만 이 때문에 이홍장은 엄청난 대가를 치러야 했다. 서태후는 결코 현명한 군주가 아니었던 것이다. 서태후는 개인적인 야욕 때문에 청나라 말기 정국을 여러 차례 어지럽혔다. 이홍장이 매사에 서태후를 받들어 모심으로써 자신에게 큰 성취를 안겨주었는지는 모르지만 이는 동시에 그를 무너뜨리는 화근이 되고 말았다.

나라를 망친 이홍장의 심리 분석

이홍장의 첫 번째 심리적 과오는 사기꾼과 진심을 논하고 강도는 양심으로 대했다는 점이다. 호랑이와 호랑이 가죽을 논하듯 이해관계가 상충하는 대상과 협상을 하니 어떻게 외세와의 진정한 화친을 이룰 수 있겠는가? 두 번째 심리적 과오는 어리석은 주군에게 '충성'을 다한 것으로, 이는 그야말로 완벽히 '어리석은 충성'이라 할 수 있다. 이러한 잘못된 관점 때문에 이홍장은 정책을 추진하면 할수록 나라와 국민에 해가 되었고, 경험과 습관에서 비롯된 경직된 생각은 좋은 것을 선택하고자 하는 고집을 점차 맹목적으로 변질시켰다. 그 결과 『맹자孟子』「진심상盡心上」에서 "한 가지를 고집하는 것을 미워함은 그것이 정도를 해치기 때문이며, 그 한 가지가 백 가지를 없애 버리기 때문이다"라고 했듯 많은 것이 망가져 버리고 말았다.

이홍장이 고집을 꺾지 않음으로써 청나라 말기 중국은 외교적으로 재앙과도 같은 결과를 맞았다. 반대로 이홍장이 여러 사람의 의견을 귀담아 듣고 흐르는 물처럼 선善을 따름으로써 좋은 것을 선택하고자 고집을 부렸다면 임칙서林則徐와 좌종당, 구봉갑丘逢甲 등과 같이 서구에 맞서 감히 '아니오'를 외쳤을 것이다. 또한 열강이 중국을 노리는 상황에서 큰 피해를 막을 수 있는 최선의 외교적 해결책을 찾을 수 있었을 것이고 이로써 진정한 애국자로 거듭날 수 있었을 것이다.

경직된 심리란 무엇인가

경직된 심리는 사람이 어떤 일을 할 때 미리 준비하는 상태를 말한다. 이 심리는 후속 심리활동의 추세와 정도, 방식에 영향을 미칠 수 있으며 고정된 자각, 사유, 관념, 감정, 의향 등이 포함된다. 경직된 생각은 사람으로 하여금 어떤 일을 하게 만드는 심리적 배경인데 주로 그 사람의 태도에 묻어난다. 때문에 많은 심리학자가 태도를 경직된 생각과 동일시하기도 한다.

정책결정자들이 보이는 경직된 심리는 정책 결정 절차를 줄이는 데 도움을 줘 신속한 정책 결정을 할 수 있도록 도와준다는 측면에서 긍정적인 역할을 한다. 하지만 정책결정자의 심리 활동, 특히 사고를 굳게 만들어 융통성을 잃게 만드는 부정적인 효과 또한 발생할 수 있다.

제8장

위안스카이
현실을 기만한 완벽한 환상

> "아버지는 미신에 빠져 팔자와 풍수설을 신봉하셨다. 사람들은 아버지의 운명이 말할 수 없이 존귀하다고 했다. 아버지가 홍헌이라는 이름으로 황제를 자처하신 것은 일련의 눈속임에 혹해 황제가 되시려고 결심했기 때문이었다."

위안스카이袁世凱(1859~1916)는 자가 위정慰庭으로, 하남河南 항성項城 출신이다. 젊어서 두 차례 향시鄕試에 낙방한 후 문신의 길을 포기하고 무관이 되기로 결심하여 회군통령淮軍統領인 오장경吳長慶의 휘하로 들어갔다. 1894년 이홍장의 추천으로 조선 주재 총리대신에 취임했고, 1895년 천진에서 신식 육군 훈련을 감독했다. 1899년 산동 순무巡撫를 맡은 데 이어 1901년에는 직례총독直隸總督과 북양대신을 겸임하다 1908년 청나라 황실이 배척해 물러났다. 1911년 신해혁명이 일어나자 만청 내각의 총리대신을 맡았지만 모반을 꾀해 청나라 황제를 물러나게 했다. 1912년 3월 중화민국의 임시 대총통에 당선되었으며 1915년 12월에 황제제 복원을 선포했으나 1916년 3월 22일 민중과 주변의 압력 속에 황제제를 철폐했다. 1916년 6월 6일 요독증으로 베이징에서 숨을 거뒀다.

위안스카이는 근대 중국사에서 매우 중요한 인물로 유신을 주장하는 척했지만 실은 입헌군주제를 주장한 인물이었다. 그의 이름은 근대 중국의 반동 정치가와 동의어가 되었고 그를 언급하지 않은 중국 근대사 서적이 없을 정도다. 1911년 신해혁명이 일어나 청나라 왕조가 무너질 위기에 처하자 위안스카이는 신속히 북양군벌의 군사·정치 세력을 모아 '입헌군주'의 기치를 내걸고 청나라 정부의 모든 권력을 강제로 빼앗았다. 또한 '공화제에 찬성한다'는 미명 아래 교묘히 중화민국 임시 대총통이라는 직책까지 차지했다. 그 후 위안스카이는 역사의 흐름을 거슬러 제멋대로 황제제를 복원하여 영원히 지속될 '홍헌洪憲' 왕조를 세우려 했으나 결국 처절한 실패로 최후를 맞이했다.

위안스카이는 왜 역사의 흐름을 거슬러 황제제를 복원하려 했을까? 자아도취에 빠져 스스로 하늘이 선택한 인물이라 여기고 역사의 흐름을 바꿔놓을 수 있다고 자만했던 원인은 무엇일까? 심리학적으로 위안스카이의 이러한 행동은 어떻게 설명될 수 있을까?

미신 때문에 잘못된 자기 암시에 빠지다

위안스카이는 어려서부터 미신에 빠져들어 매사에 점을 치고 풍수를 살폈다. 젊었을 때는 불우한 시절을 보냈으나 중년에는 출세가 도를 달렸다. 신해혁명이 성공하자 청나라 정부의 총리대신에서 일약 중화민국 대총통 자리에 오름으로써 인생의 황금기를 맞이했다. 위안스카이는 자신의 성취를 시기가 맞아떨어진 덕분이라 생각하지 않고 정해진 운명이라고 생각했다. 그래서 총통이 된 후 더더욱 미신에 빠져들었다. 1913년과 1914년에 그는 가흥련賈興連, 장진룡張振龍, 곽삼위郭三威, 장효초張曉初 등에게 점을 치게 하여 자신에게 '용흥지운龍興之運(황제가 될 운명)'이 있는지 알아봤다.

가흥련은 산동 사람으로, 위안스카이에게 '구오존상九五尊相'이 있다고 아첨하면서 신화궁新華宮(위안스카이가 업무를 처리하고 거주하던 곳) 대문에서 황제의 기운이 흩어져 모이지 않는다고 했다. 그러면서 신화문 왼쪽에 화장실을 만들어 오물의 기를 모으면 황제의 운을 모을 수 있다고 조언했다. 그러자 위안스카이는 실제로 신화문 왼편에 화장실을 만들어 한동안 전 중국의 웃음거리가 되었다. 장진룡은 '장달변'으로도 불렸으며 젊었을 때 관동 지역을 두루 돌아다녔다. 그는 위안스카이의 사주팔자를 본 후 "이 사람은 아주 귀한 인물이다. '구오존위'가 있으며 즉위하지 않으면 죽을 운명이다"라고 아부했다. 위안스카이는 매우 기뻐하며 사람을 시켜 은화 500냥을 주었지만 천기가 새어나가지 않게 하려고 몰래 그를 죽였다. 곽삼위는 직례直隸 사람으로 곽음양郭蔭陽으로도 불렸다. 그는 위안스카이의 조상 묘를 살펴 본 후 과연 제왕의 맥이 흐른다면서 왕이 되고자 하는 위안스카이의 마음을 만족시켜 큰 상을 받았다. 장효초는 장천사張天師(天師는 하늘의 스승을 뜻한다)라고도 불렸으며 정일正一교의 제62대 전승자임을 자처했다. 그는 위안스카이에게 구오존상이 있다고 했을 뿐 아니라 그를 성스러운 주인으로 숭배하여 『옥첩금서玉牒金書』를 선물했다. 위안스카이는 장효초에게 보답하기 위해 '칠천사부七天師府'를 새로 짓도록 명했다.

일련의 미신적 행위가 반복되자 위안스카이는 점차 '나야말로 세상에 태어난 진짜 용이니 마땅히 구오존위에 올라야 한다'는 강렬한 자기 암시에 빠져들었다. 그래서 양도楊度 등을 시켜 주안회籌安會를 만들고 군주제 추진을 명했다.

잘못된 자기암시 때문에 우롱당하다

위안스카이는 자신이 황제가 될 운명임을 믿게 된 후 황제 관상과 관련된 일에 광적으로 빠져들어 곧잘 사람들의 거짓 연극에 놀아났다. 위안스카이에게는 조선의 왕이 하사한 푸른 찻잔이 있었다. 그는 매일 아침 일어나자마자 이 찻잔에 차를 마셨는데 하루는 차 심부름꾼이 차를 가져왔다가 아직 자고 있는 위안스카이를 쳐다보며 그만 실수로 찻잔을 깨뜨리고 말았다. 잠에서 깬 위안스카이는 찻잔이 깨진 것을 보고 그 아이를 불러 어찌된 일인지 다그쳤다. 아이는 "아까 침대에서 자고 있던 분은 총통 나리가 아니라 발이 다섯

개 달린 커다란 황금색 용이었습니다. 온몸에서 번쩍번쩍 빛이 났고 금방이라도 날아오를 기세여서 너무 놀란 나머지 찻잔을 떨어뜨리고 말았습니다"라고 대답했다. 위안스카이는 이 말을 듣자마자 화를 누그러뜨리고 심부름꾼 아이에게 동전까지 쥐여주면서 아무에게도 말하지 말라고 명했다. 심부름꾼 아이가 이렇게 말한 것은 사실 집사장이 그리 말하라고 시켰기 때문이다.

또 어느 날 위안스카이가 자려는데 첩이 갑자기 달려와 온몸이 붉은 뱀이 거인당居仁堂으로 숨어들어 대들보를 친친 감았다며 같이 보러가자고 졸랐다. 위안스카이와 사람들이 거인당에 들어섰을 때 진짜 온몸이 붉은 비단뱀 한 마리가 보였다. 그런데 그 뱀은 이들을 보고도 조금도 무서워하지 않고 오히려 유유히 기둥을 기어오르더니 서쪽 벽에서 사라졌다. 이를 본 위안스카이는 깜짝 놀랐지만 사실 이것은 위안커딩袁克定(위안스카이의 장남)과 위안스카이의 첩이 모의하여 곡예단에서 뱀을 빌려와 꾸민 연극에 지나지 않았다.

북해北海의 숲이 갑자기 불길에 휩싸여 흙이 그대로 드러난 평지가 된 일이 있었다. 위안스카이는 이 소식을 듣고 땅 세 척을 개간하게 했다. 이때 비석 하나를 발견했는데 사람들 모두 비석에 새겨진 말이 무슨 뜻인지 몰라 양사이梁士詒(위안스카이 내각의 대신으로 위안스카이의 제정운동에 적극 동참했다)를 불렀지만 그도 이해하지 못했다. 그래서 유사배劉師培라는 고문 전문가를 불러 해석하게 했다. 비석에는 다음과 같은 내용이 전서篆書로 쓰여 있었다.

"용이 하늘과 땅에서 일어나니 선통(청대 마지막 황제인 푸이 재위 기간 동안의 연호)은 권력과 기강을 잃고 백성은 화합하지 못하는구나. 홍헌이 모범과 법규를 세우니 하늘의 뜻은 본래 자리로 돌아가 편안하고 길하구나. 새로운 화하(중국)는 은덕이 두터워라."

이 비문은 선통이 권력을 잃고 홍헌이 천명에 따라 왕이 됨을 의미했다. 그러나 사실 이 비문 역시 위안커딩과 양사이, 유사배가 공모하여 위조한 것이었다.

1914년 조상 묘의 관리인인 한성韓誠이 바삐 수도 베이징으로 들어와 위안스카이에게 아버지 원보중袁保中의 무덤에 밤마다 붉은 빛이 나타나 횃불처럼 사방을 환히 비춘다고 알렸다. 또한 묘 근처에 모양이 용과 같고 길이가 한 치를 넘긴 자등(보랏빛 꽃이 피는 등나무)이 자라며 '하늘의 뜻으로 돌아가다天命攸歸'라는 글이 새겨진 돌덩어리가 발견되었다고 보고했다. 위안스카이는 이 말을 듣고 매우 기뻐하면서 그것들을 보존하라고 명령했다. 사실 이 모든 것도 하루속히 태자가 되고자 했던 위안커딩이 주도해서 꾸민 연극이었다.

이로써 위안스카이는 자신이 구오존상임을 확신하게 되었고, 중국은 황제가 다스려야 하며 현재 황제에 어울리는 사람은 자신뿐이라고 굳게 믿었다. 즉 국민이 직접 뽑는 총통제보다는 하늘이 보호하는 황제제를 복원하는 것이 자신에게 주어진 역사적 사명이라고 생각했다. 그러나 위안스카이는 이 모든 희한한 사건이 사실은 모두 자신을 속이려고 꾸민 연극이었으며 구오존상의 자기 암시에 빠트리려는 목적에서 비롯된 것임을 생각지도 못했다. 위안스카이는 1915년 중화민국의 종신 총통의 자리에 올랐지만 결국은 황제제 복원이라는 돌이킬 수 없는 길로 들어서고 말았다.

위안스카이의 잘못된 자기암시에 대한 심리학적 분석

위안스카이는 구오존상이라는 자기암시가 생긴 이후 하늘이 자신을 지지하고 있다는 증거를 찾는 데 몰두해 피곤한 줄 모르고 이를 즐겼다. 이런 아버지를 두고 위안스카이의 딸인 위안징쉐袁靜雪는 다음과 같이 예리하게 지적한 바 있다.

> "아버지는 미신에 빠져 팔자와 풍수설을 신봉하셨다. 어떤 사람은 아버지의 운명이 말할 수 없을 만큼 존귀하다고 했고, 어떤 사람은 고향의 묏자리가 용과 봉황의 형상이니 우리 집에서 제왕이 나올 것이라고 했다. 아버지는 틀림없이 이런 말에 현혹되셨을 것이다. 아버지가 홍헌이라는 이름으로 황제를 자처하신 것은 일련의 눈속임에 혹해 황제가 되시려고 결심했기 때문이었다."

이처럼 황제가 되려는 위안스카이의 결심은 하루 이틀 만에 형성된 것이 아니라 여러 가지 거짓된 사건을 거치면서 쌓인 자기암시를 통해 생겨난 것이다. 이러한 자기암시는 더 나아가 자기 자신과 시국을 정확하게 판단할 수 없도록 만들어 자신뿐만 아니라 나라까지 망친 결과를 초래했다.

심리학에서 자기암시autosuggestion는 자신을 자극하는 과정이다. 특정한 일과 사물, 인물이 존재한다고 상상하거나 믿음으로써 행위와 주관적 경험을 뒤바꾸고, 동시에 그것과 상응하는 심리적, 신체적 변화를 일으키고자 하는 것이다. 부정적 자기암시는 개인의 판단과 자신감을 잘못된 쪽으로 이끌어 환각에 빠트리고 현실과 맞지 않는 일을 하게 한다. 또한 한쪽 말만 듣게 되어 특정한 사건이나 사물에 편견이 생기게 마련이며 순간적 감정에 따라 일을 처리하게 된다. 그러므로 위안스카이가 황제를 자처한 것은 어리석은 탐욕과 잘못된 자기암시의 결과라 볼 수 있다. 스스로 홍헌 황제라 칭한 대가로 자신의 목숨까지 지불해야 했다.

자기암시란 무엇인가

암시는 심리활동의 기본적인 속성이다. 누구나 다 암시를 하지만 정도는 각기 다르다. 암시는 분석, 사고, 논리로 하는 것이 아니라 함축적, 우회적, 무의식적으로 정보를 받아들여 형성된다. 암시는 타인의 행동, 언어, 관념에 비판을 가하지 않고 그대로 그것을 인정하거나 모방하여 자신의 지각, 판단, 감정, 행위를 변화시키는 심리적 과정을 말하는데, 그것을 형성하는 정보의 근원에 따라 자기암시와 타자암시로 구분할 수 있다. 자신에게서 발생한 정보는 자기암시를, 타인 또는 외부 상황에서 발생한 정보는 타자암시를 형성한다. 암시는 심리 및 신체에 미치는 영향에 따라 긍정적 암시와 부정적 암시로 나눌 수 있다. 긍정적인 암시는 심신의 건강을 도울 수 있지만 부정적인 암시는 건강을 해칠 수 있으며 심지어 정신이상을 유발하는 등 심각한 결과를 불러올 수도 있다.

헤밍웨이
내가 나에게서 멀어질수록

헤밍웨이는 일생을 바쳐 강한 남자라는 영웅 이미지를 추구해 왔지만 늙고 병들어 쇠약해지자 더 이상 이상적 자아상을 지킬 수 없게 되었다. 결국 현실과 이상의 간극 때문에 고통스러워하다가 밀려드는 불안과 우울을 통제할 수 없는 지경에까지 이르고 만 것이다.

헤밍웨이Ernest Miller Hemingway(1899~1961)는 미국 태생의 세계적 문학가로 1954년 노벨 문학상을 수상했으며 이른바 '저널리즘 문체'의 소설을 창시했다. 시골 의사 집안에서 태어나 어려서부터 낚시와 사냥, 음악과 그림을 좋아했다. 젊은 시절 적십자사 수송차량 운전병으로 제1차 세계대전에 참전했고, 이후에는 유럽 주재 특파원을 역임했으며 종군기자로 제2차 세계대전과 스페인 내전에 참전해 전장을 취재했다. 그는 작품 속에서 '강인한 남성상'을 많이 그려냈을 뿐 아니라 자신도 온갖 모험을 즐기는 사람이었다. 그러나 말년에 여러 가지 질병을 앓으면서 극도로 우울해졌고 적잖은 치료를 받았지만 별다른 효과를 보지 못해 결국 엽총을 입에 문 채 방아쇠를 당겨 생을 마감했다.

대표작으로는 『태양은 또다시 떠오른다The Sun Also Rises』『무기여 잘 있거라A Farewell to Arms』『제5열The Fifth Column』『누구를 위하여 종은 울리나For Whom the Bell Tolls』『노인과 바다The Old Man and the Sea』 등이 있다. 헤밍웨이는 간결하면서도 힘 있는 문체와 다양한 현대적 기법을 사용하여 미국 문학에 '문학 혁명'을 불러일으켰으며 수많은 구미 작가에게 큰 영향을 끼쳤다.

지난 반세기 동안 그의 인생은 줄곧 논쟁의 중심에 있었다. 그의 찬란한 성공 이면에는 늘 절망이 도사리고 있었기 때문이다. 그는 왜 매혹적인 성공 뒤에 실패한 삶을 살았을까? 그의 자살은 강한 남성상을 보이기 위한 행동이었을까, 아니면 강한 남성상의 부담을 더 이상 이겨내지 못한 결과였을까? 어떤 심리가 그를 자살에까지 이르게 했을까?

죽음을 갈망한 헤밍웨이

헤밍웨이의 인생은 모험을 하듯이 긴장과 스트레스의 연속이었다. 그의 내면 역시 이 때문에 늘 고통스럽고 혼란스러웠다. 그래서 의기소침하고 우울한 마음에서 벗어나려고 끊임없는 여행과 모험으로 각종 자극제를 찾아 헤맸다. 육체적으로는 살고 싶어 했으면서도 정신적으로는 죽음을 갈망했던 것이다.

헤밍웨이가 쓴 『우리들의 시대In Our Time』 『봄의 분류奔流, The Torrents of Spring』 『태양은 또 다시 떠오른다』 『누구를 위하여 종은 울리나』와 같은 유명한 작품에서도 낙담과 종말, 죽음과 같은 주제를 쉽게 찾아볼 수 있다. 스페인 투우에 관한 이야기로 1932년에 발표한 『오후의 죽음Death in the Afternoon』에서 헤밍웨이는 이렇게 쓰고 있다. "한 나라가 투우에 열광하려면 수소 사육과 죽음에 대한 관심이라는 두 가지 조건을 갖춰야 한다." 헤밍웨이 작품 속 영웅은 실패 속에서 영원히 죽음을 기다린다. 짙게 드리워진 죽음의 그림자를 걷어낼 수 있는 순간은 오직 술과 섹스, 사냥과 싸움, 유혈과 살인에 집착할 때다. 이 순간만은 죽음의 그림자를 걷어내고 삶을 느끼며 환각의 세계에서 벗어나 있기 때문이다.

헤밍웨이는 1954년, 쉰다섯의 나이에 노벨문학상을 수상했다. 당시 그는 몸이 불편해 직접 스톡홀름에 가서 수상하지는 못했다. 사실 그때는 이미 병이 심각한 상태였다. 혈압은 215/125로 굉장히 높았고 간 기능도 쇠퇴해 있었다. 감정의 기복은 심했고 우울증의 전형적인 증세로 눈은 매우 건조했다.

1959년 여름, 헤밍웨이는 자신의 예순 번째 생일을 자축하기 위해 이례적으로 스페인에서 호화로운 파티를 열었다. 24시간 이어진 파티에는 파리에서 공수해 온 샴페인과 런던에서 들여온 중국 요리가 차려졌고 서커스단과 사격소대까지 초청됐다. 그러나 이런 호사스러운 이벤트도 이미 심각한 헤밍웨이의 심리적 장애를 숨길 수는 없었다. 낭만에 젖어 자신의 과거에만 집착하는가 하면 부인에게 비아냥거리고 손님에게는 욕설을 퍼부어 파티 분위기를 어색하게 만들었다.

1960년, 헤밍웨이는 일할 수 있는 능력을 완전히 잃었으며 병적으로 걱정에 사로잡혔다. 가벼운 자동차 충돌 사고에도 자신이 감옥에 가지 않을까 걱정했고 충분한 돈을 저축하고 있으면서도 집을 살 만한 돈이 없다고 여겼으며 FBI가 자신을 계속 감시하고 미행한다고 불안해했다. 책상에 원고를 놓고 몇 시간이나 앉아 있으면서도 멍하니 아무것도 할 수 없었고 갈수록 잦은 자살 충동에 시달렸다. 어떤 때는 총을 들고 총기를 보관하는 찬장 옆에 서서 오랫동안 창밖의 먼 산을 응시하기도 했다.

1960년 11월부터 이듬해 6월까지 헤밍웨이는 미국에서 가장 좋은 의료센터인 미네소타 주의 메요 병원에 두 번이나 입원했다. 의료진은 전기 충격 요법으로 그의 대뇌를 치료했지만 아무런 효과도 거두지 못했다. 헤밍웨이는 자신의 병실에 마이크가 있으며 의사들은 모두 비밀 스파이라고 단언했다. 그의 정신 상태는 호전되기는커녕 갈수록 심각한 자기 학대 경향을 보였다.

1961년 7월 1일, 헤밍웨이는 부인, 친구와 함께 식당에서 식사를 했는데, 주위 손님이 모두 FBI의 스파이라고 의심했다. 집으로 돌아와 부인과 함께 이탈리아 민요를 부른 뒤 부인에게 "잘 자, 나의 고양이"라며 마지막으로 인사를 건넸다. 이날 밤 작은 방에서 혼자 잠들었던 헤밍웨이는 7월 2일 아침 현관에서 누운 채로 발견되었다. 보병용 총 한 자루가 그의 다리 사이에 놓여 있었고 천장에는 그의 피와 근육 조직에서 나온 액체가 튀어 있었다. 총알 두 발이 연이어 발사되었는데, 그중 한 발이 머리를 관통했던 것이다.

의학적으로 헤밍웨이의 자살에는 가족력도 어느 정도 작용했다. 부친이 권총으로 관자놀이를 겨눠 자살했던 것이다. 모든 아들이 아버지를 뛰어넘고 이기기를 바라는 것과 마찬가지로 헤밍웨이 역시 평생 아버지를 따라하고 뛰어넘음으로써 자신이 더 용감하다는 것을 보여주려 했을지 모른다. 헤밍웨이가 죽은 후 그가 가장 아꼈던 여동생인 우르술라는 문학창작을 독려하기 위해 하와이대학교에 '헤밍웨이상'을 제정했다. 하지만 우르술라 역시 암을 선고 받은 후 1966년 독약을 먹고 자살함으로써 헤밍웨이가 남긴 자살의 그림자를 지우지 못했다.

헤밍웨이의 남동생인 라이스트는 열세 살 때 아버지가 자살한 모습을 직접 목격해 심한 충격을 받았다. 훗날 형 헤밍웨이의 자살 역시 청천벽력과도 같은 충격이었다. 그는 1982년 당뇨병 때문에 어쩔 수 없이 두 다리를 모두 절단해야 한다는 의사의 말을 듣고 한 발의 총알로 생을 마감했다. 이밖에 헤밍웨이의 손녀(모델 겸 영화배우) 한 명 역시 자살했다.

우울증을 앓은 헤밍웨이

총으로 자살했을 때 헤밍웨이는 고혈압과 동맥경화 등 신체적 질병 외에 우울증을 앓고 있었다.

우울증은 모든 정신 질환 가운데 가장 무서운 병이다. 통계에 따르면 전 세계 자살자의 80%가 우울증 환자이며, 우울증 환자의 20% 이상이 결국 자살을 선택한다고 한다. 우울증 발병률은 80%에 이른다. 즉 인류의 80%가 정도는 각기 다르지만 우울한 감정에 시달린다는 것이다. 다만 기간의 길고 짧음과 병세의 경중이 다를 뿐이다. 우울증은 삶의 의지를 철저히 무너뜨릴 수도 있고 극도의 흥분과 조바심 속에 살게 할 수도 있다.

우울증에는 신경증적 우울증과 정신병적 우울증이 있는데, 이 두 가지를 명확히 구분할 필요가 있다. 전자는 신경증의 하나로 과도한 두뇌 사용, 정신의 긴장, 육체 피로로 생기며 불면증과 조급증, 심기증(건강염려증), 공포증, 강박증, 신경쇠약, 신경성 구토 등의 증상을 보인다. 반면 후자는 자기 증오와 우울한 정서가 오랜 시간 지속되면서 생기는 정신병으로 조급증, 이중적 우울증 등의 증상을 보인다. 신경증적 우울증 환자는 잠든 지 한두 시간 만에 깨며 깬 후에는 수면장애, 불안, 이유 없는 공포, 초조함 등의 증상을 보인다. 한편 정신병적 우울증은 주로 낙담과 근심, 열등감, 삶의 의미 상실 등의 증상을 수반한다.

　　신경증적 우울증은 심각한 신경증 증상으로, 제때 치료하지 못하면 정신병적 우울증으로 이어질 수 있다. 정신병적 우울증 또한 심각한 정신 질환으로, 제때 치료하지 못하면 삶에 대한 의지는 물론 몸과 마음의 건강을 완전히 무너뜨릴 수 있는 정서적 장애 상태를 말한다. 심리학적으로 이 둘은 정도는 다르지만 마음을 다스리지 못하기 때문에 생긴다. 이를 통해 볼 때 사람이 마음의 건강을 지킨다는 것은 본질적으로 가라앉는 기분을 환기시킬 수 있는 능력을 유지하는 것과 같다. 그렇다면 헤밍웨이는 왜 각종 우울 증상에 시달렸을까?

헤밍웨이의 자살충동에 대한 심리 분석

　　유년 시절 헤밍웨이는 두 살 많은 누나 막셀린과 생김새가 무척 닮았었다. 그래서 어머니인 그레이스는 헤밍웨이와 막셀린을 쌍둥이처럼 대했다. 그의 어머니는 종종 헤밍웨이에게 분홍색 체크무늬 옷, 흰색 꽃무늬 모자, 검은색 여아 신발, 스타킹 등 여자아이 옷을 입히면서 두 아이가 스스로 쌍둥이라고 생각하고 무엇이든 똑같이 하기를 바랐다. 이 가짜 쌍둥이 중 막셀린은 헤밍웨이보다 18개월이나 먼저 태어났으니 당연히 키도 컸고 아는 것도 많았다. 어린 헤밍웨이는 누나를 잘 따랐지만 이면에는 항상 증오가 도사리고 있었고 나이가 들수록 이 증오는 더욱 심해졌다. 헤밍웨이는 늘 막셀린이 밀어내기 전문가라고 말하곤 했는데 이는 경쟁에서 밀려 항상 불리했기 때문이었다.

정신분석학자 호나이Karen Danielsen Horney는 여러 가지 부정적인 사건의 영향을 받으면 아동은 자신의 의지대로 성장하지 못하여 결국 소속감을 느낄 수 없게 된다고 말했다. 대신 극도의 불안과 알 수 없는 공포를 느끼는데 이를 '기본적 불안'으로 칭했다. 남자아이인 헤밍웨이를 여자아이처럼 대하고 얼핏 대등한 듯 보이지만 큰 차이가 나는 강력한 라이벌을 만들어 인위적인 경쟁을 부추기는 양육 방식은 헤밍웨이에게 심각한 초조와 불안만을 안겨줄 뿐이었다. 이러한 불안은 평생 지속되었고 결국 우울증의 원인이 되고 말았다.

헤밍웨이는 불안을 해소하려고 무의식적으로 여러 방법을 동원했다. 그에게는 남보다 우위에 서고 싶은 간절한 욕구가 있었지만 내면적으로 이러한 욕구를 만족시킬 수 있는, 그것도 '즉시' 만족시킬 수 있는 방법은 오직 상상뿐이었다. 하루하루 커져만 가는 상상은 마침내 헤밍웨이의 마음속에 이상적인 자아상을 창조해냈고, 점점 더 무한한 힘과 능력을 지닌 사람이 되어 갔다. 결국 그는 자신을 강한 남자, 영웅, 모험을 두려워하지 않는 사람으로 착각하기에 이르렀다. 헤밍웨이는 글쓰기 재능 덕택에 상상 속 자신을 만들어 낼 수 있었고 이를 통해 유년 시절에 결핍된 정체성과 소속감을 되찾았다.

물론 헤밍웨이는 살면서 자신이 품은 포부나 완벽한 이상은 자신이 도달하고자 하는 목표일 뿐이라는 것을 알았지만 무의식적으로 그것을 현실에서 이루어야 한다는 압박에 시달렸다. 다시 말해 헤밍웨이는 '강한 남자가 되고 싶다'는 자발적인 추구와 '강한 남자가 되어야 한다'는 억압적인 추구 사이의 충돌을 겪은 것이다. 그러므로 그는 더 이상 '추구하는 자'가 아닌 '강요당하는 자'가 될 수밖에 없었다. 심한 압박 속에서 자신을 과시하고 자신이 창조한 이상적 자아를 드러내려 했고 이것은 현실의 행위, 인간관계, 문학작품에서 그대로 드러났다. 영국 작가인 제임스 조임스가 "민감한 사람은 기필코 강한 남자여야만 한다"라고 했듯이 말이다.

이처럼 헤밍웨이는 평생 모든 힘을 자신이 만들어 낸 이상적인 자아실현이라는 임무에 쏟아 부었다. 스스로 엄격한 내적 명령 체계를 만들어 완벽한 이상적 자아상인 강한 남자와 영웅이 되도록 자신을 다그쳤다. 그러나 지나치게 강한 남자로서의 삶을 추구하다보면 독선적인 사람이 되기 쉽고, 한번 강한 남자라는 이미지에 타격을 입고 자아상이 무너지면 이상과 실제와의 분명한 차이 때문에 극단적으로 실망하고 절망하여 자신감을 잃게 된다. 헤밍웨이 역시 일생을 바쳐 강한 남자라는 영웅 이미지를 추구해왔지만 늙고 병들어 쇠약해지자 더 이상 이상적 자아상을 지킬 수 없게 되었다. 결국 현실과 이상의 간극 때문에 고통스러워하다가 밀려드는 불안과 우울을 통제할 수 없는 지경에까지 이르고 만 것이다.

헤밍웨이는 죽기 전 마지막 10년 동안 아무 이유 없이 종종 다른 사람을 헐뜯었다. 사람들이 자신에게 조금이라도 위협을 가한다고 느낄 때면 언제든지 공격을 서슴지 않았다. 그는 상대방을 비난할 때 대가 끊겼다느니, 성불구자니, 동성애자니 하는 말을 자주했다. 또한 폭음을 일삼았는데, 폭음과 글쓰기에 빠져들어 현재의 상태를 변화시키고 불안을 해소할 수 있기를 바랐던 것이다. 그러나 병의 극심한 고통으로 더 이상 작품을 쓸 수 없게 되자 헤밍웨이는 처절하게 무너져 내렸다. 결국 불안감과 무력감은 자신에 대한 적의와 분노, 경멸과 증오로 발전했다.

심리학에서는 모든 형태의 자살을 비난을 목적으로 한 행위로 본다. 헤밍웨이는 자신을 비난하기 위해 자살을 선택한 것이었다. 강한 남자를 추구한 삶 덕분에 일련의 작품과 문학에서 성공을 거두긴 했지만 끝내는 그가 추구하는 이상을 실현하지 못해서 자신을 증오하고 비난했으며 모순된 생활에서 오는 두려움과 절망으로 고통스러워하다가 끝내 죽음을 선택했다.

죽음에 대한 충동은 사람의 마음이 약해질 때 나타나는 자연스러운 상념이므로 사람이라면 누구나 한번쯤은 느낄 수 있다. 죽음에 대한 이러한 환상에 편집증적으로 집착하고 환상이 끊임없이 부풀려지면 결국 자살에 이르게 되고 만다. 다시 말해 죽음을 생각하는 사람들은 자신의 정신적 고통을 끊임없이 과장하여 무엇과도 비할 수 없는 것이라 생각해 모든 의욕을 상실하게 되며 종국에는 죽음으로 귀결되고 마는 것이다.

사실 자살 충동과 투쟁하는 것은 본질적으로 무력감과 죽음에 집착하는 마음과의 투쟁이다. 삶과 죽음은 생각의 차이일 뿐이다. 현실에서 자살로 해결할 수 있는 문제는 많지 않다. 죽으면 모든 것이 해결될 것이라 믿는 사람은 삶을 제대로 이해하지 못하는 사람이다.

러시아의 위대한 시인 푸슈킨은 "삶이 그대를 속일지라도 슬퍼하거나 노여워하지 말라. 슬픔의 날을 참고 견디면 기쁨의 날이 오리니"라고 했다. 생명의 소중함을 아는 이 모두 부디 이 시를 기억하기를 바란다.

심리학에서 말하는 자살

프로이트는 "인간이 지닌 건설적 성향과 파괴적 성향이야말로 삶과 죽음의 본질을 말해준다. 사람은 태어날 때부터 자기 파괴 본능이 있다. 여기에 내면의 심리적 요소와 외부의 환경적 요소가 결합하면 자살에 이르게 된다"라고 했다. 심리학에서는 절망이 자살의 근원이라고 보고 있다. 절망은 외로움, 열등감, 무력감, 정신 질환 등에서 비롯된다. 이러한 요인 때문에 배척, 거절, 도태되는 느낌이 들고 그래서 재수 없는 일이 늘 자신에게만 일어난다고 생각하게 된다. 이러한 상태가 지속되면 더 큰 절망감에 빠질 수밖에 없다. 집착하면 할수록 자살은 환상으로 다가온다. 기분이 가라앉을 때 자주 죽고 싶다는 생각을 하게 되지만 그렇다고 절망하거나 정신이 이상해지지는 않는다. 따라서 자살 충동과 싸우는 것은 무력감과 죽음에 대한 집착과 싸우는 것과 같다.

제3부

인격 결함

인격 결함Personality Defect이란 정상적인 인격과 인격 장애 중간에 있는 상태를 말한다. 인격이 나쁜 쪽으로 가려는 경향 또는 가벼운 인격 장애라고도 할 수 있다. 흔한 인격적 결함에는 열등감, 냉담, 의존, 의심, 자부심, 자만심, 편집증, 강박 등이 있으며 심할 경우 적대감, 난폭함, 충동적 성향, 파괴적 성향 등이 나타나기도 한다. 이것은 모두 건강하지 못한 심리 요소로 개인의 생활에 나쁜 영향을 미칠 뿐 아니라 정상적인 인간관계를 방해하여 사회생활에까지 영향을 미친다.

제10장 제갈량
누구도 믿지 못한 완벽주의의 비극

제갈량은 모든 일을 직접 주관하려 했고 연달아 북벌에 나서는 등 비이성적인 모습을 보였다. 이것은 자신이 정해놓은 이상과 목표에 집착하고 자신을 알아준 이의 은혜에 보답하려다 보니 나타난 결과였다.

동한東漢 말에 촉나라는 제갈량의 커다란 역할에 힘입어 위·오와 함께 팽팽한 대립각을 형성했다. 제갈량은 『융중대』에 나오는 그 유명한 삼분천하三分天下라는 계책 아래 유비를 보좌하여 형주와 익주를 점하고 서쪽으로 파촉巴蜀에 접근했다. 그리고 오나라와 연합해 조조에 대항함으로써 삼국시대 세력 구도의 기틀을 마련했다.

유비가 죽자 제갈량은 촉나라의 정무를 담당하고 『융중대』의 계책에 따라 기산으로 여섯 번이나 출정하여 위나라를 토벌하는가 하면, 조정의 일이라면 크고 작은 일을 막론하고 직접 관장할 정도로 완벽주의자의 전형적인 모습을 보였다. 그러나 과도하게 완벽을 추구한 나머지 군사와 정무에서 여러 차례 실책을 범했고 촉나라의 국력 쇠퇴를 불러왔으며 결국 중원 수복이라는 자신의 꿈도 물거품처럼 사라지고 말았다. 촉나라의 흥망은 모두 공명孔明(제갈량)에게서 나왔다 해도 과언이 아니다.

그렇다면 제갈량이 한사코『융중대』에 따라 고군분투하게 된 심리적 동인은 무엇일까? 그는 왜 그렇게 완벽에 집착했던 것일까?

제갈량은 완벽주의자였다

심리학에서 완벽주의perfectionism는 인격적 특징이자 사고방식이다. 대만의 심리학자 장춘싱張春興은『Dr. 장의 심리학 사전』이라는 책에서 완벽주의를 다음과 같이 정의했다. "완벽주의란 업무를 처리할 때 자신과 타인에게 요구하는 태도다. 완벽주의를 고수하는 사람은 모든 일에 아무런 결점이 없을 것을 요구한다. 이런 사람은 정해진 기준만을 엄격하게 따를 것을 요구하면서 현실적인 상황에 따를 여지나 융통성은 전혀 용납하지 않는다."

역사서에는 제갈량과 관련된 이야기가 상세하고 충실하게 기록되어 있어 그의 인간성을 가늠하는 데 큰 도움이 된다. 제갈량은 국정을 주관하는 동안 크고 작은 일을 도맡았다. 이것은 사소한 부분도 조심하여 완벽을 추구하는 본성 때문이기도 했지만 자신이 남보다 재능이 뛰어나서 다른 사람은 일을 제대로 해내지 못할 거라 우려

한 나머지 권력을 남에게 넘길 수 없다고 여겼기 때문이기도 하다. 이 모든 것은 제갈량의 완벽주의를 전형적으로 보여준다.

　제갈량은 그야말로 전력을 다해 일했다. 제갈량이 촉나라를 위해 엄청난 공적을 세우고 헌신을 다한 점에 대해서는 예나 지금이나 별 이견이 없다. 그러나 사학계에서는 그와 관련된 두 가지 문제, 즉 정무와 군사 문제에서 모든 일을 자신이 직접 관장하려 했던 태도와 유비 사후 제갈량이 연이어 내린 북벌 전략에 대해 치열한 논쟁을 벌여왔다. 심리학적으로 볼 때 이 두 가지는 모두 제갈량의 완벽주의 성향과 밀접한 관련이 있다.

완벽주의가 초래한 결과 하나 : 군사와 정무는 직접 관리한다

　역사서에서 제갈량이 정무를 주관한 것과 관련된 고사성어는 사무거세事無巨細(일의 크고 작음을 논하지 않다), 덕박임중德薄任重(덕은 얕으나 임무는 무겁다), 식소사번食少事繁(할 일은 많으나 얻는 것은 적다) 등 상당히 많다. 직접 모든 것을 관리해야 하는 제갈량의 성격이 얼마나 많은 관심을 받았는지 알 수 있다. 『삼국지』「제갈량전」에는 다음과 같은 기록이 있다. "건흥 원년에 제갈량을 무향후武鄕候에 봉하고 부서를 세워 정사를 처리하도록 했다. 얼마 후 또 익주목益州牧에 봉했다. 정사는 크고 작은 일을 막론하고 모두 제갈량이 결정했다." 즉 제갈량 한 사람이 중앙과 지방 관직을 겸하여 중앙의 정책 결정에서 지방의 구체적인 실행에 이르기까지 모두 혼자서 도맡았다는 것이다. 또한 『삼국지』에는 다음과 같은 기록도 있다.

> "유비가 죽자 대를 이은 유선이 어리고 유약했으므로 크든 작든 모든 일을 제갈량이 결정했다. 밖으로는 동오東吳와 동맹을 맺고 안으로는 남월南越을 평정했으며, 법령을 세우고 제도를 시행하며 군대를 정비했다. 뿐만 아니라 기계와 기술의 발전을 중시하여 사물의 궁극을 연구하고 과학 교육을 엄격히 실시했다."(『삼국지』 「제갈량전」)

이처럼 제갈량은 촉나라의 정치, 군사, 경제, 문화, 외교, 입법 등 실로 모든 것을 자신의 소관으로 여겼다. 다음의 몇 가지 사례만 보더라도 이를 알 수 있다.

첫째, 촉한 조정의 인사는 모두 그가 직접 임면했다. 그는 후주에게 상소를 올려 시중侍中·시랑侍郎의 곽유지郭攸之, 비의費禕, 동윤董允과 장군 향총向寵에서부터 상서尙書, 장사長史, 참군參軍에 이르는 관료를 직접 선발하여 국무를 처리했다. 위에서 아래에 이르는 행정 체계 전반에서 거의 모든 주요 관료를 제갈량이 직접 살피고 임용한 것이다. 심지어 장비의 딸을 현명하다는 이유를 들어 직접 유선의 후궁으로 천거했다는 기록도 있다.

둘째, 제갈량은 둔전과 도로, 다리 등 기초시설 건설도 직접 주관했다. 그는 병사를 보내 도강언都江堰(사천성 성도成都에 있는 고대 수리 시설) 등 수리 시설을 지키게 했으며, 농업 생산과 사천四川의 특산물인 채색비단 방직업의 발전에도 직접 관여했다. 또한 병기인 연노連弩(화살을 연사할 수 있는 석궁)의 개량에도 직접 참여했으며 목우유마木牛流馬(군량 따위를 운반하기 위해 소와 말을 본떠 만든 수레)를 발명하기도 했다. 그리고 이 같은 자신의 시정 경험을 24편 14만여 자에 달하는 분량으로 직접 기록하기도 했다. 진수는 이에 대해 "제갈량의 말과 교서, 서간과 상소문에 볼만한 것이 많으므로 따로 모아 책으로 엮었다"라고 했다.

『자치통감資治通鑑』(중국 북송北宋의 사마광이 1065년부터 1084년 사이에 편찬한 편년체編年體 역사서) 「위기이魏紀二」에는 모든 일을 직접 관장한다는 제갈량의 성격적 특징이 매우 생동감 있게 표현되어 있다. 주부主簿 양옹楊顒은 일찍이 제갈량이 직접 부서簿書(공문)를 교정하는 것을 보고 간언했다.

"다스림에는 체계가 필요하며 위와 아래가 서로 침범해서는 안 됩니다. 명공(제갈량)에게 집안일로 비유해 보겠습니다. 지금 남자 하인은 밭을 갈고 여자 종은 밥을 지으며, 닭은 새벽을 알리고 개는 강도를 보면 짖습니다. 또한 소는 무거운 짐을 지고 말은 먼 길을 달립니다. 저마다 맡은 바 책임을 다하기에 탈이 없고 바라는 바가 모두 충족되며 마음이 화평하고 걱정이 없으며 먹고 마시는 데 부족함이 없습니다. 그런데 어느 날 주인이 몸소 집안일을 하겠다며 종에게 일을 맡기지 않으니 체력은 소진되고 일은 한 곳에 집중할 수 없게 됩니다. 결국 심신이 피곤하여 어느 하나 제대로 처리하는 것이 없게 되었습니다. 그렇다고 어찌 주인의 지혜가 하인과 닭과 개보다 못하다고 하겠습니까? 문제는 주인이 법도를 잃어버렸다는 데 있습니다. 그래서 옛말에 '앉아서 도를 논하는 것은 제왕과 높은 벼슬아치가 할 일이요, 그것을 직접 실행하는 것은 사대부가 할 일이다'라고 했습니다. (…) 오늘 명공께서는 국사를 다스리면서도 친히 문서까지 살피시며 하루 종일 땀을 흘리시니 어찌 피곤하지 않으시겠습니까!"

제갈량은 양옹의 말에 느끼는 바가 컸고 양옹이 죽자 지기를 잃은 마음에 눈물을 흘렸다. 이것은 제갈량이 모든 일을 직접 해야만 한다고 생각하는 자신의 문제를 알고 있었음을 보여준다. 그러나 그의 인격적 결함 때문에 안심하고 다른 이에게 일을 맡길 수 없었다.

유비는 임종 직전에 제갈량에게 나라의 대내외적 사무를 모두 제갈량에게 일임하고 자신의 아들을 부탁했다. 이때부터 제갈량은 모든 일에서 선제의 명과 염원을 헛되이 해서는 안 된다고 다짐하면서 밤낮으로 정신없이 정무를 돌보았지만 몸이 따라주지 않았다.

제갈량은 "명을 받은 후로 밤낮으로 근심하고 탄식한다"고 말할 정도로 우울증에 시달렸다. 또한 그는 입맛을 잃었다. 『위씨춘추魏氏春秋』에는 다음과 같은 기록이 있다.

"제갈량의 사신이 도착하자 사마의司馬懿는 제갈량의 잠과 음식, 일이 많은지 적은지에 대해서만 묻고 군사에 관한 일은 묻지 않았다. 사신은 '제갈공은 일찍 일어나 늦게 자고 곤장 20대 이상의 형벌까지 모두 친히 심문하시는 데도 먹는 음식은 얼마 되지 않습니다'라고 대답했다. 이에 선왕(사마의)이 '제갈량은 곧 죽겠구나'라고 했다."

제갈량은 장시간 업무에서 오는 스트레스와 우울함으로 몸과 마음의 병을 키웠을 가능성이 매우 크다. 『위서魏書』에서는 이를 다음과 같이 전한다. "군량이 끊어지고 형세가 어려워지자 제갈량은 걱정하고 분노했으며 피를 토하기까지 했다."

종합해보면 제갈량은 빈틈을 허용하지 않는 완벽주의 성격 때문에 어쩔 수 없이 심리적 부담을 떠안으며 고생하면서 살았고 결국 오장원五丈原에서 병으로 사망함으로써 일찌감치 역사의 무대에서 사라졌다.

중국학자인 왕궈민王國民은 "유비가 익주를 점령했을 때부터 촉의 멸망까지 50년 동안 촉한은 서른 번 가까이 대외 정벌에 나섰는데 대규모로 이루어진 전쟁은 스무 번에 이른다"고 집계했다. 그런데 제갈량이 집권한 11년이라는 짧은 기간 동안 조조 군대와의 전투만 해도 '다섯 번 출정과 두 번의 방어' 등 일곱 차례에 달한다. 더군다나 주도적으로 일으킨 다섯 번의 북벌전쟁은 6년이라는 짧은 시간 동안 집중적으로 이루어졌다. 필자는 역사적 기록을 참조하여 제갈량의 북벌 연표를 다음과 같이 정리했다(표8).

제갈량은 병사를 이끌고 중원으로 출정할 때마다 세 가지 어려움에 직면했다. 산세가 높고 험악했으며 병사와 군량이 부족했다. 때문에 매번 신중하게 생각하여 주도면밀하게 작전을 펼쳤지만 승전보다 패전이 많을 수밖에 없었다. 병력에서 촉나라는 확실히 열세였다. 대만 학자인 천원더陳文德의 고증에 따르면, 1차 북벌 이전 조조의 군대가 점령하고 있던 아홉 개 주에는 대략 60만 가구, 433만의 인구가 살고 있었다. 손권의 오나라는 세 개 주를 차지했으며 약 52만 가구, 230만 명이 거주하고 있었다. 반면 촉한은 익주 하나만을 차지했으며 38만 가구에 인구수는 94만밖에 되지 않았다. 위나라는 제갈량이 출정할 때마다 단시간에 촉나라가 백성 전체를 동원

시기	사건
촉한 건흥 6년 봄(228)	1차 북벌, 가정街亭을 잃음. 제갈량이 마속馬謖을 베고 스스로 우장군右將軍으로 강등
촉한 건흥 6년 겨울(228)	2차 북벌. 촉나라 군대가 대산관大散關을 나와 진창陳倉을 포위한 지 20여 일도 되지 않아 군량 부족으로 퇴각
촉한 건흥 7년(229)	3차 북벌. 무도武都와 음평陰平을 빼앗음. 승상으로 복직
촉한 건흥 9년(231)	4차 북벌. 위나라 군에 대패. 위나라 장군인 장합張郃을 암살. 군량 부족으로 퇴각
촉한 건흥 12년(234)	5차 북벌. 제갈량이 피로누적으로 병이 나 오장원에서 운명

한다 해도 감당하기 어려운 수십만 대군을 소집하여 촉나라 군대에 대항했다. 중국학자인 우궈롄吳國聯은 1차 북벌 당시 제갈량의 실제 병력은 5만밖에 되지 않았던 데 비해 위나라는 장안에만도 20만 부대가 주둔해 있었으며 조진曹眞과 곽회郭淮의 20만 부대가 즉각 증원될 태세를 갖추었고 위나라 명제明帝가 직접 30만 대군을 이끌고 후방에서 대비하고 있었다고 주장했다. 이런 점을 고려해 보면 제갈량이 북벌에서 실패한 것은 충분히 예상할 수 있는 일이었다. 필자는 마속이 가정 땅을 잃지 않았다 한들 촉나라가 전쟁에서 승리할 확률은 그리 높지 않았을 것으로 본다.

『삼국지』 「제갈량전」에서 "제갈량은 군량이 끊어지지 않을까 늘 걱정한 나머지 자신의 뜻을 펼치지 못했다"라고 기록한 대로 다섯 차례의 북벌 중 두 차례나 군량 문제로 퇴각했다. 당나라 시인 이백도 "촉나라로 가는 길 험난하여라. 푸른 하늘에 오르는 것보다 힘겹구나"라고 읊었다. 진령秦嶺 지역의 산세가 험준해서 군대가 먼 곳으로 출정할 때는 물자 보급이 제대로 이루어지지 못했고 그래서 후방의 군량을 전선으로 끌어다 쓸 수밖에 없었다. 오래 버티기에는 역부족이며 위험 부담이 상당한 작전이었다. 제갈량은 기지를 발휘해 목우를 만들어 군량을 운반했지만 별다른 도움은 되지 못했다. 훗날 제갈량은 이전 전략의 문제점을 발견하고서 군사를 나누어 둔전을 실시했지만 형세를 되돌리기에는 이미 너무 늦고 말았다.

이처럼 제갈량은 기산으로 출병할 때마다 교통과 병력, 군량 모든 면에서 우위를 점하지 못했다. 촉나라가 위나라와 국력에서 현저한 차이를 보이는 상황에서 유비가 살아있다 해도 한나라 황실의 부흥을 위해 이렇게까지 모든 병력을 동원하여 전쟁을 일으키지는 않았을 것이다. 그러나 제갈량은 안 되는 것은 안 되는 것임을 알면서도 매번 국력을 총동원해 위나라를 공격했으니, 이는 틀림없이 제갈량이 무엇인가에 집착하고 있음을 보여준다. 주목할 만한 것은 6년 동안 5차례의 북벌이 실은 집권 초기 제갈량 자신의 의중과 어긋난다는 점이다. 제갈량은『융중대』에서 다음과 같이 밝혔다.

"한나라 황실의 부흥이라는 대업은 반드시 3단계로 나누어 진행해야 합니다. 1단계로 형주를 취하고 익주를 빼앗은 다음, 2단계

로 오나라와 연합하여 조조를 공격해 삼국이 정립하는 형세를
만들어야 합니다. 마지막 3단계로 천하에 변란이 일어날 때 상장
군 중 한 명에게 명하여 형주의 군대로 완과 낙양을 차지하게 하
고 장군은 친히 익주의 군대를 이끌고 진천으로 출격하십시오.
이렇게 한다면 천하를 다스리는 일이 실현되고 한나라 황실이 부
흥할 것입니다."

이 3단계 전략은 국력을 점진적으로 향상시키고 적절한 때를 노
려 잃었던 땅을 수복한다는 제갈량의 의중을 보여준다. 그러나 제
갈량의 연이은 북벌은 이와는 대조적으로 이성을 잃은 전략이었다.

제갈량의 완벽주의 성격 분석 하나 :
목숨까지 건 충성에 대한 콤플렉스

심리학에서 완벽주의 성격은 일반적으로 부정적인 심리로 분류되
며 의학적으로는 정신병리학에 속한다. 그렇다면 제갈량의 완벽주
의는 실제로 부정적인 영향을 미쳤을까? 심신의학에서 완벽주의는
여러 심리적 장애 및 육체적, 정신적 질환과 밀접한 관련이 있다. 중
국학자인 왕징췬王敬群 등은 완벽주의는 우울, 사회생활에 대한 걱
정과 공포, 성격장애, 강박증, 섭식장애, 심신장애의 여섯 가지 심
리, 병리 현상과 관련이 있다고 정리했다. 이를 토대로 제대로 먹지

도 못하면서 밤낮으로 한탄하며 많은 일에 매달리다 결국 한창나이에 죽은 제갈량을 과학적으로 분석할 수 있다.

제갈량은 모든 일을 직접 주관하려 했고 연달아 북벌에 나서는 등 비이성적인 모습을 보였다. 이것은 자신이 정해놓은 이상과 목표에 집착하고 자신을 알아준 이의 은혜에 보답하려다 보니 나타난 결과였다. 그렇다면 제갈량이 이처럼 완벽을 추구한 이유는 무엇일까? 목숨을 걸고자 한 충성심과 중원 수복에 대한 염원이라는 두 가지 콤플렉스를 들 수 있다.

심리학에서는 콤플렉스를 의식적으로 억눌린 생각, 즉 무의식적인 사상, 감정, 지각, 기억 등이 복잡하게 작용하는 심리현상으로 정의한다. 콤플렉스는 수많은 경험을 거쳐 굳어진 행동양식으로 당사자의 생각과 행위 및 감정에 영향을 미치며 은연중에 특정한 편견이나 취향을 형성하기도 한다. 또한 콤플렉스는 이성적으로 통제하기 힘든 자연스러운 감정의 표출이다.

후주 유선은 제갈량이 죽은 후 '충무후忠武侯'라는 시호를 내려 충성심을 기렸다. 제갈량이 이처럼 충절을 지킬 수 있었던 것은 죽도록 충성하겠다는 집념이 있었기 때문이다. 『삼국지』「제갈량전」의 기록에 따르면 유비는 촉나라 황제의 자리에 오른 후 제갈량을 승상에 봉하면서 이렇게 말했다. "승상 제갈량은 짐의 뜻을 헤아려 짐의 결점을 보좌하는 데 태만하지 말고, 짐을 도와 공덕을 천하에 떨치도록 하시오. 더욱더 힘써주기 바라오." 이처럼 유비는 제갈량을 극찬하면서 정무 보좌에 성심을 다해주기를 기대했다.

완벽주의자는 중요한 인물의 평가를 굉장히 중시한다. 유비의 신임과 기대를 한 몸에 받았던 제갈량은 자신을 알아준 유비의 은혜에 보답하려 했고, 이것은 원래부터 완벽을 추구했던 제갈량의 성격과 결합되면서 종교와도 같은 믿음을 만들어 냈다. 즉 제갈량에게 있어 임금에게 충성하고 나라에 보은하겠다는 신념은 절대적 신앙이 된 셈이다. 훗날 유비가 제갈량에게 후사를 부탁한 것은 제갈량의 완벽주의 성향을 더욱 부추겼다. 장무 3년 봄에 유비는 병이 위중해지자 제갈량을 불러 후사를 부탁했다.

"그대의 재능은 조비曹丕의 열 배는 되니 틀림없이 나라를 안정시키고 대업을 이룰 수 있을 것이오. 내 아들이 도울 만한 인물이면 도와주시오. 그러나 재능이 없다면 그대가 직접 나라를 다스리길 바라오."

제갈량은 눈물을 흘리며 말했다.

"신은 죽을 때까지 신하로서 헌신과 충절을 다할 것입니다."

유비가 백제성白帝城에서 제갈량에게 아들과 후사를 부탁한 유언은 중국 역대 군신관계에서 가장 아름다운 모습을 보여주는 한 편의 드라마 같다. 극의 전반부가 주인공 유비가 홀로 남을 아들을 부탁하는 유언을 남기면서 제갈량에게 무한한 신뢰와 존중을 보여주고 있다면, 후반부는 제갈량이 주인공이 되어 유비가 죽기 전 자신이 했던 맹세를 행동으로써 지켜내는 모습을 보여주고 있는 것이다.

임종 당시 유비가 남긴 유언은 목숨 바쳐 충성하리라는 제갈량의 다짐을 이끌어내기에 충분했다. 제갈량은 무슨 일을 하든 유비의 유언을 지켜 기대를 저버리지 않으려 노력했다. 제갈량은 촉나라의 군사와 정무에 작은 빈틈이라도 생기면 자신을 탓했다. 그랬기에 기꺼이 밤낮없이 일에 매달리며 작디작은 부족함도 용납하지 않았던 것이다. 제갈량은 사마의가 자신에 대해 "제대로 먹지도 못하고 온갖 일에 매달리니 어찌 오래 버틸 수 있겠는가?"라고 했다는 이야기를 듣고 울면서 말했다.

"나도 모르는 바는 아니나 내가 두려운 것은 오직 하나, 선제의 막중한 유언을 받드는 데 있어 내가 성심을 다하지 않는다는 얘기를 듣게 되는 것이다."

충절에 대한 제갈량의 콤플렉스가 얼마나 컸는지를 보여주는 대목이다. 결론적으로 제갈량은 온 힘을 다해 주군이 자신에게 보여준 무한한 신뢰에 보답하고 후대에 모범을 보여 선제가 이루지 못한 대업을 이룰 수 있게 격려하고자 했다.

제갈량의 완벽주의 성격 분석 둘 : 중원 수복에 대한 콤플렉스

제갈량은 유비의 유지를 받은 후 중원 수복을 막중한 임무로 여겼기에 오랫동안 전쟁을 일삼았고 잇따른 실패에도 뜻을 굽히지 않았다. 사실 제갈량도 국력이 쇠퇴했음을 전혀 모르는 바는 아니었다. 제갈량은 1차 북벌에 나서기 전 후주 유선에게 상소를 올려 "지금 천하는 셋으로 나뉘고 익주는 피폐하니 실로 나라의 존망이 걸린 위급한 때입니다"라고 고했다. 이런 제갈량이 편집증적으로 6년간 5번이나 북벌을 감행한 것 또한 사실이다. 앞에서 언급했듯이 제갈량이 연달아 전쟁을 일으킨 것은 완벽을 추구하는 성격 때문이었다. 구체적으로 말하면, 제갈량의 완벽주의 기질은 중원 수복이라는 열망과 결합되면서 잇따른 북벌 감행에 이르게 된 것이다.

제갈량은 남양에서 은거할 때 "양부음梁父吟을 부르기 좋아했고 키가 8척이었기에 항상 자신을 관중, 악의樂毅에 비유했다". 이것은 제갈량이 자신을 얼마나 높이 평가했는지 보여주는 대목이다. 제갈량은 융중에서 직접 농경지를 갈면서도 천하의 일을 꿰뚫고 있었고 자신의 포부를 펼치게 해 줄 사람을 찾고 있었다. 필자는 제갈량이 한나라 말 전란 때에 한나라 신하 출신 가정에서 태어나 유가 교육을 받고 자란 것을 미뤄볼 때 젊은 시절부터 이미 한 황실의 부흥이라는 정치적 이상을 품었고 권력 찬탈과 세력 다툼을 일삼던 군벌을 경멸했다고 생각한다. 제갈량은 『출사표出師表』에서 이렇게 언급했다.

"북으로 중원을 평정해야 하는 이때 제가 비록 우둔하나마 힘을 다해 간사하고 흉악한 자를 물리쳐 한나라 황실을 부흥시키고 옛 수도(낙양洛陽)를 회복하겠습니다. 이것이 선제께 보답하고 폐하께 충성하는 신의 도리이기 때문입니다."

이처럼 제갈량은 한나라 황실을 복원하려는 뜻을 품은 유씨 종친을 주군으로 찾고 있었다. 당시 유씨 중 권세가 있는 인물에는 형주의 유표와 익주의 유장劉璋이 있었는데 모두 큰 그릇은 아니었다. 제갈량은 사실 오래전부터 유비를 주목하고 있었지만 훗날 삼고초려를 통해 일부러 유비의 진심을 시험했다. 제갈량은 유비가 자신이 만족할 만한 의지를 보이자 바로 '천하삼분지계'를 일러주었고 이에 유비는 "공명을 얻었으니 물 만난 고기와도 같구나" 하고 감격했다. 이로써 본보기가 될 만한, 서로 의지하는 군신관계가 탄생했다. 제갈량이 유비를 고대하는 모습은 유비가 제갈량을 고대하는 모습에 견줄 만했다.

제갈량이 유비를 보좌했던 것은 한 황실을 되찾고 천하를 통일하고자 했기 때문이다. 그러나 안타깝게도 유비가 대업을 이루지 못하고 유명을 달리하면서 중원 수복이라는 사명은 고스란히 제갈량의 몫으로 남겨졌다. 제갈량은 이 임무를 완수하기 위해 줄곧 밖으로 나가 전쟁에 몰두한 나머지 후주 유선을 제대로 보필할 수도, 자신의 재능을 아들 제갈첨諸葛瞻에게 전수해줄 수도 없었다. 유선은 환관인 황호黃皓 등 간신배만 신뢰했고 제갈첨은 높은 직책에 있으면서도 나라를 제대로 보위하지 못했으니, 이것이 제갈량의 가장 큰 실수라 하지 않을 수 없다. 그럼에도 제갈량은 중원을 되찾지 못하는 한 안심할 수 없었기 때문에 오로지 중원 수복이라는 대업에만 집중했다. 제갈량의 중원 수복에 대한 콤플렉스는 거의 강박적인 지경에 이르렀던 것이다.

진수는 『삼국지』에서 제갈량의 중원 수복 콤플렉스를 이렇게 평했다. "제갈량은 자신이 살날이 얼마 남지 않았다고 여겼는데 아직 중원 땅을 밟지도 위나라에 대항하지도 못했으므로 끊임없이 출정하여 싸웠다." 다시 말해, 제갈량이 중원 수복에 집착했던 것은 오랜 정치적 이상 때문이기도 하고 자신의 지략과 도덕성이 우월하다고 생각한 나머지 다른 사람을 믿지 못했기 때문이기도 하다. 결과적으로 제갈량은 중원을 수복하려다 병으로 죽었으니 중원을 수복하고자 하는 열망이 뭇사람의 눈물을 자아내게 할 만큼 강했음을 보여준다.

완벽주의 성격

완벽주의 성격을 간단히 정리하면 다음과 같다.
1. 열심히 일하고 세부 사항을 꼼꼼하게 챙기는 등 매사에 완벽을 기한다.
2. 지략이나 도덕성에서 자신이 남보다 뛰어나다고 생각한다.
3. 규율을 중시하고 융통성이 없으며 자신의 절대적인 이상을 맹신하여 경직된 사고에 빠지기 쉽다.
4. 행동이 신중하고 성공을 추구하기에 자신의 실수와 심지어 다른 사람의 실수도 용납하지 못한다.
5. 자신의 삶에서 중요한 인물의 평가와 기대를 지나치게 의식한다.

제11장

캉유웨이
균형을 잃으면 생각이 갇힌다

캉유웨이는 황제의 권위와 무력으로 변법을 실시하면 중국의 부강은
시간문제라고 생각했다. 짧은 시간 동안 급격한 변화를 도모한 과도한
욕심 때문에 결국 보수파의 격렬한 반대에 부딪히고 말았다.

캉유웨이康有爲(1858~1927)는 자가 광하廣夏이고 호는 장소
長素이며 별명은 조이祖詒다. 광둥성廣東省 난하이南海 출신으로 '캉난
하이康南海'로 불리기도 한다. 광서光緒 연간에 진사에 합격했고 유명
한 근대 사상가이자 정치가, 서예가, 학자다. 1895년 시모노세키 조
약을 체결할 때 1300여 명의 향시 합격자와 연합하여 이른바 '공차
상서公車上書'라 불리는 만언서(정책 제언이나 비판의 목소리를 담은 긴
글)를 올려 변법 시행을 요구했다. 그 후 량치차오와 함께 일간지『중
외기문中外紀聞』을 창간하고 얼마 후에는 베이징에서 강학회強學會와
보국회保國會 등을 결성하여 나라를 구해 강하게 하자고 주장했다.
캉유웨이는 광서제에게 변법을 주장하는 상소를 여러 차례 올렸고,

1898년 6월 광서제가 그를 총리아문장경總理衙門章京으로 임명하자 '무술변법戊戌變法'이라 일컫는 변법개혁을 추진했다. 그러나 변법은 청나라 정부 각계의 반발에 부딪혔고 서태후가 103일 만에 폐지함으로써 '백일유신'으로 불리기도 한다. 변법이 실패로 끝난 후 캉유웨이는 일본으로 망명하여 보황회保皇會를 조직했고 입헌군주제 실현을 위해 노력하면서 혁명을 반대하기도 했다. 캉유웨이는 신해혁명 후 중국으로 돌아와 공자를 따라야 한다고 주장하면서 청나라 황실 복원 운동인 '복벽 운동'에 앞장서다가 1927년에 칭다오靑島에서 병으로 사망했다.

캉유웨이가 주창한 무술변법은 중국 근대사에서 중요한 정치적 사건이지만 103일 만에 끝나고 말았다. 역사학자들은 무술변법이 실패로 끝난 원인이 무엇인지 지금까지 논쟁을 벌이고 있는데, 심리학적으로 접근하면 몇 가지 새로운 결론을 얻을 수 있다.

무술변법의 세 가지 정책적 실수

사학계에서는 세 가지 원인 때문에 무술변법이 실패했다고 지적한다.

첫째, 개혁을 성급하게 추진하면서 유신파(변법유신 추진세력)와 양무파(양무운동洋務運動 추진세력)가 분열했을 뿐 아니라 유신파와 보수파의 갈등이 일찌감치 수면 위로 떠올랐다. 둘째, 서태후의 지

지를 적극적으로 끌어들이지 않는 바람에 서태후를 보수파의 편에
서게 했다. 셋째, 위안스카이가 중요한 순간에 배신함으로써 유신파
가 일망타진되었다. 그런데 유신 변법의 핵심 인물인 캉유웨이의 잘
못된 결정이 이 세 가지 원인을 불러왔다고 할 수 있다.

　무술변법 실패의 가장 큰 원인은 행동과 말이 너무 앞서나가는 바
람에 역량을 모으는 데 힘을 쓸 여력이 없어 결국 유신을 지지하거
나 긍정적이었던 조정 관료들마저 등을 돌리게 했다는 데 있다. 개
혁이 너무 앞서나갈 수밖에 없었던 것은 떠벌리기를 좋아하고 독선
적인 캉유웨이의 성격과 밀접한 관련이 있다. 그는 학문을 하던 초
기에 유명해지자 오만방자해졌다. 예를 들면, 쑨원孫文이 캉유웨이
의 명성을 듣고 서신으로 친교의 뜻을 전했을 때 캉유웨이는 “나와
친분을 맺고 싶다면 먼저 제자가 스승을 찾아뵙는 예를 갖추어야
할 것이다”라고 답했다. 쑨원은 의기소침한 채 떠나갔고 캉유웨이는
뜻이 맞는 동지를 잃었다. 캉유웨이가 쑨원을 진심으로 받아들였다
면 중국의 근대사가 어떻게 바뀌었을지 모를 일이다. 또 다른 예로
변법 시행 초기에 양강兩江총독과 남양南洋대신을 맡고 있던 장지동
이 캉유웨이를 초대하여 “장닝江寧에서 20여 일 동안 (…) 이틀에 한
번 꼴로 밤늦도록 담소를 나누었다”고 한다. 장지동이 얼마나 극진
하게 캉유웨이를 예우했는지 알 수 있는 대목이다. 그 시기 장지동
은 캉유웨이에게 신중하게 말하고 과격한 발언은 삼가도록 충고했
다. 하지만 캉유웨이는 자신보다 스물한 살이나 많은 장지동을 어

른으로 대접하기는커녕 '관점이 다르면 동지를 배반할 수 있다'는 이유로 멀리했다. 왜냐하면 캉유웨이가 보기에 장지동은 공자에게 배워 개혁하자는 자신의 주장인 공자개제孔子改制는 받아들이지는 않으면서 자꾸 언행을 조심하라고 충고해 자신과 대립각을 세우려 한다고 생각했기 때문이다.

무술변법 실패의 두 번째 원인은 변법을 적극적으로 지지하도록 서태후와 권신을 설득하기는커녕 오히려 그들의 자존심을 건드리고 손해까지 끼쳤기 때문이다. 이 점 역시 캉유웨이의 생각이 극단적인 점과 직접적인 관련이 있다. 예를 들면, 캉유웨이는 광서제에게 불필요한 관직과 관료를 없애도록 권고했다. 권고 자체는 문제가 되지 않았지만 그중 적지 않은 관직이 서태후의 심복과 관련되어 있었으므로 신중하게 처리했어야 했다. 그러나 광서제는 이 점을 간과하고 황제로서 자신의 권위를 내세우는 것만 중시했다. 서태후는 변법이 실행된 4일째에 광서제가 다음의 세 가지 내용을 이행하도록 압박했다. 첫째, 변법을 지지하던 황제의 스승 옹동화翁同龢를 파면할 것. 둘째, 관직을 새로 받은 2품 이상의 관료는 반드시 서태후에게 감사 인사를 할 것. 셋째, 영록榮祿을 직례直隸(지금의 허베이河北성) 총독 겸 동복상董福祥이 이끌던 감군甘軍, 섭사성聶士成의 무의군武毅軍, 위안스카이의 신건군新建軍 등을 통솔하는 삼군에 임명할 것. 이러한 요구는 광서제를 고립시키고 유신파를 공격함과 동시에 강력한 북양 군벌을 장악하기 위함이었다.

또 다른 예로 캉유웨이는 공차상서 후 제자들과 함께 강학회를 결성했다. 이에 양무파의 수장인 이홍장이 강학회를 지지하면서 3000위안을 지원하겠다고 나섰지만 뜻밖에도 캉유웨이는 이 제안을 단호히 거절했다. 사실 당시 이홍장은 유명하지는 않았지만 줄곧 변법을 지지해 온 사람이었다. 100일 동안 유신을 실시할 때 불필요한 관직을 없애는 일만 해도 큰 장애에 부딪혔는데, 이때 총리아문인 이홍장이 경전을 근거로 감축 방안을 마련하여 변법이 순조롭게 시행되도록 길을 터주기도 했다. 그런데도 캉유웨이는 그 호의를 받아들이지 않은 것이다. 또한 유신파는 거듭 이홍장을 자신의 진영으로 받아들이지 않았지만 그는 캉유웨이의 노선을 변함없이 지지했다. 이홍장은 무술정변이 끝난 후에도 신당(유신파) 인사 체포가 잘못되었음을 직언하기도 했다. 이홍장이 캉유웨이 당의 일원이라는 소리를 들은 서태후가 이 일을 묻자 이홍장은 의연하게 대답했다. "구법(신법인 '변법'에 대조되는 옛 법)이 나라를 부강하게 할 만한 법이었다면 중국은 오래전에 부강해졌을 텐데 어찌 지금까지 그리 되지 못했습니까? 변법파를 캉유웨이 당이라 주장한다면 신도 캉유웨이 당이 아닐 요량이 없습니다." 그러나 그때는 변법이 이미 실패로 돌아간 후였다.

광서제는 무술변법 시행이 위기에 처하자 과거에 이홍장의 직위를 양광兩廣총독으로 강등시켜 서태후 및 기타 보수파와 소통할 수 있는 인물을 잃었다고 후회했다. 당시 협판대학사協辦大學士 겸 호부

상서戶部尙書로 조정의 또 다른 세력가였던 옹동화는 조정의 대신들 중 변법을 가장 지지한 인물이었다. 그러나 옹동화는 훗날 광서제에게 "캉유웨이는 남의 잘못을 들춰내고 직언을 일삼으니 분쟁만 일으킬 뿐 아무 도움이 안 됩니다"라며 캉유웨이를 내칠 것을 강하게 주장했으며 캉유웨이의 극단적이고 성급한 태도 때문에 변법이 실패로 끝나지 않을까 우려했다.

무술변법 실패의 세 번째 요인은 변법이 위기에 처한 긴박한 순간에 유신파가 경솔하게 위안스카이를 믿고 그에게 서태후를 감금하고 영록을 제거하는 계획을 맡겼다는 점이다. 영록을 죽이고 후원(서태후의 처소)을 포위하자는 계획의 배후 조종자는 바로 캉유웨이였다. 사실 이 계획은 캉유웨이가 막다른 골목에 몰리면서 내놓은, 승산이 전혀 없는 전략이었다. 때문에 왕조王照, 필영년畢永年, 담사동譚嗣同 등 유신파의 일부 핵심 인물은 이 계획의 실행가능성을 의심했다. 그러나 캉유웨이는 자신이 이미 위안스카이와 영록을 이간질했으니 "위안스카이는 틀림없이 내 뜻대로 움직일 것입니다"라고 고집을 부렸다. 결국 유신파는 담사동을 밤에 법화사法華寺로 보내 위안스카이가 황실을 위해 충성을 다하도록 설득하기로 결정했다. 그러나 왕조 등이 우려했던 대로 위안스카이는 유신파와 협력하는 척 해서 담사동의 신임을 얻는 한편 구당(신당인 유신파에 반대해 구법을 주장했던 무리)에 빌붙어 영록에게 밀고함으로써 광서제와 유신파를 배반했다.

이처럼 유신파가 저지른 일련의 중대한 실책을 빌미로 서태후는 1898년 조서를 내려 광서제를 유폐하고 유신파를 체포했으며 담사동 등 육군자六君子(무술변법의 핵심인물 6명)를 처형했다. 유신은 이렇게 100일 만에 실패로 끝나고 말았다.

캉유웨이의 성급한 일 처리

변법 시행 초기에는 서태후도 변법을 통한 부국강병을 지지했다(표9). 서태후 역시 갑오전쟁의 참패로 체결한 시모노세키 조약에 큰 충격을 받아 변법자강을 시도했던 것이다. 그래서 한때 광서제가 조정을 주관하고 변법유신을 시도하도록 조정에서 물러났다. 서태후는 광서제에게 다음과 같이 특별히 명령했다. "변법은 나의 숙원입니다. 그래서 동치同治(중국 청나라 목종 때[1862~1874]의 연호) 초에 증국번曾國藩에게 제자를 서양으로 유학 보내 선박을 건조하고 기계 만드는 법을 배워오게 해서 부국강병을 도모했던 것이에요." "나라를 부강하게 할 수 있는 것이라면 저는 일체 간여하지 않을 테니 황제께서 알아서 하세요." 광서제는 그제야 정국시조定國是詔(변법을 나라의 국시로 삼는다는 조서)를 반포하고 변법을 시행했다.

이를 통해 당시 서태후가 변법을 반대하지 않았음을 알 수 있다. 만일 캉유웨이가 이 기회를 잘 잡아 변법의 속도를 조절해 서태후가 변법을 실시하도록 함으로써 그녀의 권위를 지켜주었더라면 서태후

시기	사건
1901년 7월 24일	총리아문을 외무부로 변경하고 6부보다 높은 서열에 둘 것을 명령.
1901년 12월 23일	만한滿漢 통혼 금지령(만주족의 왕조인 청나라가 민족적 정통성을 유지하기 위해 한족과의 혼인을 반대한 명령)을 폐지하고 여성의 전족을 금지.
1905년 9월 2일	청나라가 서태후의 비준을 거쳐 과거제 폐지 조서를 발표.
1906년 9월 1일	입헌 조서를 반포하기로 결정. 이는 중국 역사상 최초로 헌법의 성격을 띠는 문서인 흠정헌법대강欽定憲法大綱의 모태가 되었다.

의 더 큰 지지를 이끌어 낼 수 있었을지도 모른다. 그랬다면 완고한 관료들의 반대를 물리치고 변법을 계속 추진할 수 있었을 것이다. 그러나 캉유웨이는 변법을 지지하는 서태후의 심중을 헤아리지 못하고 '모 아니면 도' 식의 극단적인 방법을 고수했다. 심지어 서태후의 지지를 장애물로까지 여겼다. 이러한 전략상의 실책 때문에 서태후의 진노를 샀고, 이는 결국 무술변법의 실패로 이어졌다.

캉유웨이는 황제의 권위와 무력으로 변법을 실시하면 중국의 부강은 시간문제라고 생각했고, 이러한 극단적인 생각은 광서제를 잘못 인도했다. 그렇지 않아도 나이가 어리고 성급했던 광서제는 변법을 시행하면서 더욱더 자신의 권위와 능력을 과신한 나머지 무엇이 더 중요하고 시급한지를 분별하지 못하고 개혁에만 몰입했다. 이렇게 몇 개월밖에 안 되는 짧은 시간 동안 헌법 등 제도의 변화를 급하게 추진하는 가운데 복식과 머리 모양, 기원紀元(연대를 계산하는 데 기준이 되는 해) 등 수천 년간 이어져온 전통문화도 성급히 바꾸려 했다. 빨리 하고자 하면 도달하지 못한다는 말처럼, 과도한 욕심 때문에 결국 보수파의 격렬한 반대에 부딪히고 말았다.

무술변법이 단기간에 끝나게 된 근본 원인은 너무 성급한 추진이었고, 이는 인재를 잘못 등용했기에 발생했다. 변법유신의 핵심 인물이었던 캉유웨이의 급진적 주장은 변법이 신속히 전파되는 데 크게 기여했을지는 몰라도 정책 실시에는 큰 지장을 초래했다. 정책학에서는 '올바른 일을 올바른 방법으로 하라'라는 원칙을 강조한다. 캉유웨이의 비극은 옳은 일을 했지만 그것을 올바르게 하지는 못했다는 데 있다.

캉유웨이의 극단적 성격 분석

무술변법이 실패로 끝난 가장 큰 원인은 캉유웨이의 오만함이었다. 심리학적으로 캉유웨이의 오만함은 극단적 성격을 전형적으로 보여준다.

저명한 심리학자 아들러Alfred Adler는 인간의 성격을 주어진 환경에 적응할 때 드러나는 특수한 태도로 정의하고, 극단적 성격(공격적 성격)과 비극단적 성격(비공격적 성격)으로 분류했다. 구체적으로 살펴보면, 어떤 사람이 권력이나 우월감을 추구할 때 타인을 적대시하는 방식으로 자아를 드러내며 타인에게 눈에 띄게 피해를 준다면 극단적인 성격에 속한다. 반면에 한발 물러서는 방식으로 타인의 관심을 끌려 하며 타인에게 피해를 끼치지 않는 것처럼 보인다면 비극단적 성격에 속하는 것이다.

성격이 지나치게 극단적으로 발전하면 과격한 상태에 이르게 된다. 늘 색안경을 끼고 문제를 바라보고 부분으로 전체를 판단하려 들며 자신의 주장을 고집하고 외곬으로 빠져 다른 사람의 호의적인 충고를 전혀 받아들이지 않는다. 또 눈앞의 이익이나 업적만을 좇고 실리보다는 명예를 중시하며 타인의 장점은 인정하려 들지 않으면서 자신의 역할은 늘 과대평가한다. 무엇인가를 결정할 때 극단적인 성격의 사람은 양극단만을 생각한다. 매우 복잡한 상황에 직면하면 문제를 단순화시키며, 고지식하고 융통성이 없어 벽에 부딪히기 전에는 뒤를 돌아보지 않고 한길만을 고수한다. 극단적인 성격은 이처럼 전형적인 A형의 특징을 보여준다.

극단적인 성격이 있는 사람은 결국 나르시시즘으로 귀결되기 쉽다. 즉 정상적인 방식으로 성취감을 만족시키지 못할 경우 자신에 대한 외부의 평가에 지나치게 신경을 쓰게 되고 때로는 타인의 관심을 끌기 위해 행동하며 실제와는 동떨어진 혼자만의 환상에 빠져든다.

캉유웨이는 평생 오만했고 극단적인 성격으로 살았다. 캉유웨이는 스스로 천상의 모든 악마와 싸우는 '초인'이라 생각하고 밤마다

달이 찰 때까지 자지 않고 이런저런 생각에 잠겼다. 그는 생각 속에서 천상 세계와 인간 세상의 온갖 괴로움과 즐거움을 모두 맛보았다. 처음에는 수많은 악마와 싸우듯이 잡생각으로 혼란스러웠지만 이윽고 마귀를 물리친 것처럼 모든 공상이 서서히 그치고 정신이 맑아지면서 승리한 듯한 기쁨이 차오르는 경험을 하곤 했다. 이처럼 캉유웨이는 자신을 천상의 악마와 싸우는 초인으로 여겼다. 이 같은 초인이 어찌 이름 없고 보잘것없는 쑨원과 왕래하며 또 어찌 장지동과 같은 사람의 압력에 굴하겠는가? 캉유웨이는 오만하고 극단적인 성격 탓에 광서제가 군신을 설득하여 구체적 항목에 서명하게 하고, 수구파의 잘못된 생각을 쳐내면서 유신에 힘쓰기만 하면 하루 만에도 세상을 바꿀 수 있다고 단순하게 생각했다. 심지어 중국이 일본을 따라 유신을 추진하기만 하면 분명 "3년 안에 거시적인 틀을 세울 수 있고 5년이 지나면 체계를 마련할 수 있으며 8년 후에는 성과를 거둬 10년 만에 패권을 도모할 수 있다"고 호언장담했다. 그야말로 황당무계하고 단순한 사고방식이다. 왜냐하면 변법유신이란 혁명은 많은 신료 대신이 사상적으로 변법유신의 이념을 받아들인 후에야 실천할 수 있기 때문이다. 하루 만에 정세를 뒤엎을 수 있는 것이 절대로 아니었다. 게다가 상황을 더욱 어렵게 한 것은 당시 광서제가 천자이긴 했지만 서태후를 위시한 보수파에 맞설 만큼 실질적 힘이 없었고, 중국이 처한 상황 역시 메이지유신 시기의 일본과는 천지 차이였다는 점이다. 지금까지 살펴본 바와 같이 무술변법

문제점	문제적 발언	영향
객관적인 여건을 무시한 채 너무 앞서나갔다.	"옛것을 고집해서는 안 되며 반드시 변법을 실시해야 한다. 더딘 변화로는 안 되며 반드시 빨리 변화시켜야 한다. 작은 변화로는 안 되며 반드시 큰 변화가 있어야 한다." "3년 안에 거시적인 틀을 세울 수 있고 5년이 지나면 체계를 마련할 수 있으며 8년 후에는 성과를 거둬 10년 만에 패권을 도모할 수 있다"	대약진大躍進(1958년 마오쩌둥에 의해 시작된 급진적 경제성장 정책)식 변법으로 많은 관료가 유신 반대파로 돌아섰다. 그 결과 백일유신 시기에 광서제에게 접수된 관련 상소는 110여 건에 이르렀다.
실질보다는 상징성을, 내용보다는 형식을 중시했다.	"황제께서 먼저 머리를 자르시고 의복을 바꾸신 후 천하에 명하십시오. (…) 백성과 함께 새 정치를 펴고 관료에게 의복을 갈아입고 조정에 들도록 명하십시오. 군신을 모아놓고 종묘사직에 맹세하시고 위로는 하늘과 선조에게, 아래로는 신하와 백성에게 고하십시오. (…) 올해를 유신 원년으로 선포하십시오."	복식과 머리 모양, 기원은 형식적이기는 하나 신성불가침적인 중국의 전통문화이기 때문에 그 개혁은 보수파의 큰 반발에 부딪혔다.
공자에 대한 절대적인 복종을 강요하고 연대 기재를 공자 기준으로 할 것을 주장했다.	"배움이 없는 자는 금수와 같고 도를 모르는 자는 야만인과 같다. 도와 배움은 어디에서 시작되는가? 성인에게서 시작된다. 성인은 어디에서 비롯되는가? 공자로부터 비롯된다. 하늘은 말이 없지만 공자를 세워 발언한다."	캉유웨이 자신만의 중국식 종교사상 체계를 만들기 위해 공자학을 국교國敎의 자리에 올려놓았다. 역대 중국인들의 마음속에서 공자가 차지하고 있던 신성한 지위를 빌려 기존의 종교적 색채를 강화했고 이로써 유학을 종교로 만들었다.
자신을 공자 이후 유일한 성인으로 자처하는 등 유아독존의 태도를 취했다.	"보리수 아래 천상천하 유아독존의 기운을 보이는, 석가모니와 같은 이, 오늘날에는 나를 제외하고 그 누가 있으랴."	캉유웨이는 스스로 '장소長素'라 칭했다. 중국인은 공자를 소왕素王으로 추앙했는데, 스스로 '장소'라 칭한 것은 성인보다 더 높은 '신인神人'이라는 의미이다.

의 실패는 근본적으로 캉유웨이의 오만함과 극단적인 성격에서 비
롯되었다.

관련 상식

A형과 B형 성격이론

1959년 미국의 한 심장외과의는 관상동맥경화증 환자에게서 특수한 행위 양식을 발견했
다. 그리고 이를 'A형 행위 유형'이라 이름붙이고, A형의 행동을 보이는 이들은 관상동맥
경화증에 걸리기 쉽다는 가설을 제기했다. 심신의학에서 제기한 이 행위 양식 이론은 점차
성격심리학으로 편입되어 성격적 특징을 나타내는 개념으로 자리 잡았다. 현재 A형 성격
과 B형 성격은 성격을 구분하는 방식으로 널리 이용된다. A형 성격은 진취성, 공격성, 자
신감, 성취감 등이 두드러지며 쉽게 긴장한다. 치열한 경쟁에 참여하기를 원하고 짧은 시
간에 많은 일을 하도록 끊임없이 자신을 다그치며 자신의 노력을 가로막는 사람이나 일에
공격성을 보인다. 이와는 반대로 B형 성격은 비교적 여유롭고 욕심이 없어 어떤 일이든 크
게 동요하지 않는다.

제12장

카이사르
자부심이 자만심으로 변질되는 순간

카이사르는 자신을 객관적으로 판단하지 못할 정도로 지도자로서 자신의 매력과 호소력에 도취되었다. 눈부신 명예, 용맹, 관대한 영웅 이미지 등에 푹 빠져 누구도 감히 자신의 권위에 도전하지 못할 것이라 여겼다. 하지만 이는 비극의 씨앗이었다.

카이사르Gaius Julius Caesar(기원전 102~기원전 44)는 로마 공화정 말기의 뛰어난 정치가이자 장군으로 고대사에서 매우 중요한 인물이다. 귀족 가문 출신으로 로마 공화정에서 재무관, 제사장, 대법관, 집정관(콘술), 안찰관, 독재관 등의 직책을 역임했다. 기원전 60년 폼페이우스, 크라수스와 함께 제1차 삼두동맹三頭同盟을 비밀리에 결성하여 로마의 대권을 장악했다. 기원전 49년에는 폼페이우스를 제거하고 공화정 독재정치를 실시했고, 기원전 44년에는 브루투스의 주도 아래 원로원 회원에게 암살당했다. 카이사르가 사망한 후 양자인 옥타비아누스가 로마제국을 세우고 로마제국의 첫 번째 황제가 되었다.

카이사르는 황위에는 오르지 못했지만 사람들은 카이사르를 대제라고 불렀고 중국인이 진시황을 이야기하듯 유럽인 역시 수천 년 동안 카이사르를 거론했다. 카이사르는 영웅을 상징하고 재능과 지혜의 화신으로 여겨진다. 성姓은 로마력歷의 5월로 쓰이며 이름은 로마 황제의 아호로 사용되었다. 그러나 이런 카이사르도 원로원에서 자신의 측근에게 찔려 죽는 비극적 운명을 맞이했다.

카이사르는 왜 비극적 인물이라 불릴까? 그의 비극은 어디에서 시작된 것일까?

카이사르는 화려한 성공으로 자아도취에 빠졌다

카이사르는 기원전 102년에 로마의 명문 귀족 가문에서 태어났다. 부친은 로마 대법관, 숙부는 로마 집정관을 역임했고 모친 역시 로마 집정관 집안 출신이었다. 카이사르는 유년기부터 원대한 포부를 품었다. 언변에 능했고 책략에 뛰어난 데다 솔직하면서도 열정적이었다. 스무 살이 되었을 때 카이사르는 군대에 들어가 용맹하게 작전을 수행함으로써 여러 차례 공적을 세웠다. 이 과정에서 군사적 능력을 키우고 굳센 투지를 길렀다. 서른이 되어 정치에 입문해서는 높은 신분, 출중한 외모, 화려한 복장, 다채로운 이력, 뛰어난 언변 등으로 사회 각계의 관심을 받았다. 여기에 관대함과 겸손함을 더

해 명성이 하루가 멀게 높아갔다.

카이사르는 서른둘의 나이에 로마 재정관을 맡아 곧 로마 정계의 스타로 떠올랐다. 평민들이 술라Lucius Cornelius Sulla의 과두 정치에 큰 불만을 품고 있었던 시기에 정계에 입문한 카이사르는 집권자의 잘못된 정책을 일일이 비판하면서 자신의 정치적 입지를 넓혀 나갔다. 대부분의 사람은 카이사르가 관대하고 인자하며 의리가 있고 동정심이 많다고 높이 평가했다. 카이사르는 이러한 세간의 평가에 한껏 우쭐해졌다.

카이사르는 마흔 살에 스페인 총독을 맡았다. 당시 로마 정계에서는 폼페이우스와 크라수스가 자신의 이익을 위해 아귀다툼을 벌이고 있었는데, 카이사르를 자기편으로 끌어들이기 위해 경쟁 중이었다. 그는 이 두 사람과 비밀 협약, 소위 역사적인 삼두동맹을 맺고 세 사람 중 누구라도 독단적으로 정권을 장악해서는 안 되며 상호 협력해야 한다는 규약을 세웠다. 이로써 카이사르는 일약 로마 정계의 3대 인물로 떠오르면서 실권자가 되었다. 마흔둘에는 집정관에 당선되어 오랫동안 품어온 자신의 정치적 꿈을 마침내 이뤘다. 임기를 마친 후에는 지금의 프랑스와 벨기에 일대인 갈리아의 총독에 올랐다. 카이사르는 부락들이 격렬하게 대립하고 있을 때 전쟁을 일으켜 갈리아 지역 절반을 정복하고 많은 전리품을 취했으며 수십만 명을 포로로 삼았다. 이에 원로원 귀족들은 크게 기뻐하며 카이사르에게 축전을 보냈고 카이사르는 더욱 자아도취에 빠졌다. 그는 더 이상 로마의 3대 강자로는 만족할 수 없었다. 마케도니아의 알렉산더 대제와 어깨를 나란히 해야겠다는 야망을 품었다.

카이사르가 마흔여덟 살이 된 해, 세 권력자 중 하나인 크라수스가 지금의 이란 지역인 파르티아에서 벌어진 전투에서 전사해 카이사르의 라이벌은 폼페이우스 단 한 명만 남게 되었다. 기원전 52년, 폼페이우스의 측근이 호민관 클라우디우스를 암살하는 사건이 발생했다. 클라우디우스는 평민의 사랑을 받았고 카이사르를 아꼈던 사람이었기에 그의 죽음은 평민과 석방된 노예가 폭동을 일으킨 계기가 되었다. 두려워 어쩔 줄 몰라 하던 원로원 귀족들이 폼페이우스를 로마의 단독 집정관으로 임명했다. 폼페이우스는 집권하자마자 폭동을 가혹하게 진압하는 한편 카이사르 진영의 움직임을 하나하나 따지고 들었다. 폼페이우스의 영향으로 원로원은 카이사르에게 갈리아의 군사권 반납을 통보했다. 카이사르는 이것이 폼페이우스의 음모임을 알아채고 폼페이우스가 군사권을 내놓지 않는 한 자신도 절대 먼저 군사권을 포기하지 않겠다고 공표했다. 이에 원로원은 카이사르를 공공의 적으로 선포하고 폼페이우스를 로마의 보호자로 임명했다. 카이사르는 여기에 굴하지 않고 직접 대군을 이끌고 번개 같은 기세로 로마를 향해 진격했다. 여러 차례 전투를 치른 장군이긴 했지만 카이사르의 신속한 진군을 막아낼 길이 없었던 폼페이우스는 원로원 귀족들을 이끌고 그리스로 도망갔다. 카이사르는 로마를 점령한 후 2년 동안 스페인과 그리스 등지를 옮겨 다니며 폼페이우스 세력을 철저히 소탕했다. 폼페이우스는 전쟁에서 패하자 이집트로 도주했지만 이집트 국왕 프톨레마이오스 12세가 그를 죽이고 카이사르에게 머리를 바쳤다. 이로써 카이사르는 로마 공화정에서 전무후무한 최고 군주로 군림하게 되었다.

자아도취에 빠져
정치적 맞수를 가볍게 본 카이사르

라이벌을 무너뜨린 후 카이사르는 종신 호민관과 종신 대제사장 및 10년 기한의 집정관으로 추대되었고 국부라는 칭호를 받았다. 이로써 카이사르는 군사·행정·사법을 한 손에 틀어쥔 최고 권력자가 되었다. 그뿐 아니라 원로원은 카이사르가 황금과 상아로 조각된 왕좌에 앉아 공무를 처리할 수 있게 했고 평생 개선장군의 복장을 하고 의례를 치를 수 있도록 허용했으며 최고 행정관이 취임할 때 카이사르에게 충성을 맹세하도록 했다. 또 로마력의 퀸틸리스 Quintilis(다섯 번째 달. 당시 로마력은 3월을 첫 달로 했기 때문에 다섯 번째 달은 7월을 가리킴)를 카이사르 가문이 속한 씨족 명을 따서 줄라이July로 바꿨다. 이처럼 카이사르는 무관無冠의 제왕으로 군림하게 되었다. 이름은 존엄과 권력을 상징하는 표지가 되었고 동상이 로마 시내 곳곳에 세워졌으며 심복이 로마제국의 각 정부에 자리를 잡았다. 또한 업적이 입에서 입으로 널리 전해짐으로써 자신의 우상이었던 알렉산더 대왕을 뛰어넘는 명성을 누렸다. 카이사르는 자아노취가 이미 극에 달해 다른 사람이 자신을 찬양하는 것에 익숙해졌고 황제라도 된 양 명령을 내렸다.

카이사르의 권세가 로마 공화정 역사에서 모든 권력자를 뛰어넘자 원로원의 귀족 일부는 불만을 품기 시작했다. 그리고 카이사르를 살해할 음모를 꾸몄다. 그중에는 카이사르와 가장 절친했던 동료이자 전우인 데시무스 브루투스와 카이사르의 양자인 마르쿠스 브루투스도 포함되어 있었다. 그들은 기원전 44년 3월 15일에 각자 단도 하나씩을 숨기고 의논할 일이 있다며 카이사르를 원로원으로 불러내 현장에서 바로 찔러 죽이기로 은밀히 계획했다. 운명의 날이 되었다. 홀로 회의장에 들어간 카이사르가 황금으로 된 왕좌에 앉자마자 음모자 한 명이 카이사르 앞으로 뛰어나와 뭔가 부탁할 것처럼 붉은 토가(고대 로마의 남성이 시민의 표적으로 입었던 넉넉하고 긴 겉옷) 자락을 붙들었다. 그러자 갑자기 여러 명이 몰려들어 단도로 카이사르를 찔러댔다. 처음에는 카이사르도 사력을 다해 저항하려 애썼지만 무조건적인 심복이라 믿었던 마르쿠스 브루투스마저도 칼을 들고 자신에게 달려드는 모습을 보고서는 저항하기를 포기하고 무너지듯 땅바닥에 쓰러졌다. 카이사르는 토가로 얼굴을 가린 채 숨이 멎을 때까지 원수들이 마구 찔러대도록 내버려 둔 채 죽어갔다.

더욱 비극적인 것은 자신이 암살당할 위기에 있다는 누군가의 경고를 들었음에도 불구하고 카이사르가 혼자 원로원 회의상에 들어

갔다는 사실이다. 카이사르는 "경비대의 보호를 받는 것은 겁쟁이나 하는 짓이다"라고 말하면서 경비대와 함께 가기를 거부했다고 한다. 카이사르가 원로원으로 들어설 때 누군가 그의 몸에 천을 둘러주었지만 거리의 사람들과 악수하느라 정신이 팔려 있던 카이사르는 그 천에 쓰여 있는 글을 읽어볼 생각은 하지 못했다. 나중에 보니 그 천에는 원로원의 누군가가 카이사르를 암살하려 한다는 내용이 쓰여 있었다. 카이사르는 평생 적과의 싸움에서는 실수가 없었지만 단 한 번의 작은 실수로 자신의 목숨을 내준 격이 되었다. 이는 카이사르의 자아도취에서 비롯한 비극이었다.

카이사르의 자부심 분석

심리학적으로 볼 때 카이사르가 평소에는 신경도 쓰지 않던 보잘것없는 사람들의 손에 죽은 것은 지나친 자부심 때문이라고 할 수 있다. 자부심이 지나친 사람은 자신이 잘났다고 생각하며 다른 사람들이 치켜세우는 말에 혹해 잘 믿어버릴 뿐만 아니라 자신에게 피해를 입혔던 사람에게조차 굉장히 관대하다. 카이사르도 젊은 시절에는 모든 일에 신중했지만 권력이 커지고 지위가 높아질수록 자부심도 부풀어갔고, 날마다 남들의 칭찬에 취해 정치적 라이벌에 대한 경계심을 잃고 말았다. 그는 관대하게 대하면 분명 선의로 보답을 받게 될 거라고 착각할 정도로 관용을 신뢰했다. 그러나 정치 투쟁에서는 관용으로 모든 정치적 충돌을 결코 해소할 수 없는 법이다. 그렇기에 카이사르는 여러 차례 관용을 베풀고 전적으로 신뢰했던 사람조차 암살 음모에 가담했다는 사실을 알았을 때 이 사실을 받아들이지 못하고 절망에 빠질 수밖에 없었다. 현실을 받아들이지 못한 것은 지나친 자부심 때문이었다.

게다가 오랫동안 지나친 자부심에 빠지면 연기성 성격장애를 형성하게 된다. 연기성 성격장애란 지나치게 감정적이고 과장된 말과 행동으로 다른 사람의 관심을 끌려는 성격장애를 일컫는다. 이런 사람은 감정 변화가 심하고 자신도 모르게 다른 사람의 영향을 많이 받는다. 뿐만 아니라 자아도취에 빠져 다른 사람이 자신을 칭찬해주고 존경하기를 원하며, 자신을 드러내고 앞에 나서기를 좋아한다. 또한 영웅주의 성향을 보이며 다른 사람에게서 관심 받기를 즐기고 이를 위해 애쓴다. 감정적으로 일을 처리하는 경향이 있고 자신의 호불호에 따라 대상을 판단하며 망상에 빠지기 쉽고 말이나 행동이 사실과 거리가 먼 경우가 많다. 카이사르는 자신을 객관적으로 판단하지 못할 정도로 지도자로서 자신의 매력과 호소력에 도취되었다. 눈부신 명예, 용맹, 관대한 영웅 이미지 등에 푹 빠져 누구도 감히 자신의 권위에 도전하지 못할 것이라 여겼다. 그러나 정치에서 사람들의 기대를 한 몸에 받는 사람과 공공의 적은 동전의 양면과도 같아서 언제고 돌변할 수 있다. 로마 길거리 군중이 카이사르에게 환호하던 바로 그때, 원로원의 일부 귀족은 카이사르를 불편

한 존재로 느끼기 시작했던 것이다.

카이사르가 평범한 귀족에서 로마 공화정의 최고 권력자가 되기까지 38년이 걸린 반면 로마의 최고 통치자와 집정관 신분으로 피살되기까지는 채 1년도 걸리지 않았다. 지나친 자만심이 그를 나락에 빠뜨린 것이다.

자부심이 강한 성격의 특징

자부심이 강한 성격은 다음과 같은 특징을 보인다. 자신이 잘났다고 생각하며 자신의 운명이 비범하다고 생각한다. 그리고 자신의 능력을 과대평가하고 걸핏하면 실패의 책임을 다른 사람의 탓으로 돌린다. 행동보다 말이 앞선다. 감정적으로 일을 처리하며 사람이나 일을 정확하고 객관적으로 분석하지 못한다. 뿐만 아니라 문제가 생기면 자신의 감정에 따라 주관적이고 일방적인 방식으로 처리한다. 스스로 반성하지 않고 가정에서는 불화가 이어지며 밖에서는 친구나 동료와 잘 지내지 못한다. 다른 사람이 아첨하는 말을 듣기 좋아하며 사람들이 자신을 멀리하게 만든다.

맥아더
연기성 성격의 빛과 그림자

맥아더의 인생은 그야말로 자기를 과시하는 삶이었다. 무슨 일이든 역사상 최고가 되지 못할 바에는 하지 않았고, 한다면 항상 최고가 되어야 했다.

맥아더Douglas MacArthur(1880~1964)는 유명한 미국의 오성장군이다. 1903년 웨스트포인트 사관학교(미국의 육군사관학교)를 수석으로 졸업했는데, 그의 졸업 성적은 웨스트포인트가 세워진 지 100년 동안 깨지지 않은 역대 최고의 성적이었다. 제1차 세계대전 때 미군 제42사단의 사단장을 맡았으며, 1919년에는 역대 최연소로 웨스트포인트 사관학교의 교장에 임명되었다. 제2차 세계대전 당시에는 미국 극동군 사령관이자 남서 태평양 연합군 최고사령관으로 전쟁에 참여해 일본의 투항을 받아냈다. 전쟁이 끝난 후에는 주일 연합군 최고사령관과 UN군 총사령관 등의 직책을 역임했다.

맥아더는 웨스트포인트 사관학교를 매우 우수한 성적으로 졸업

한 후 전쟁터에서 가장 용맹한 장군으로 일평생 혁혁한 전공을 세워 군인으로서는 매우 훌륭했던 반면, 오만하고 나서기를 좋아하여 동료들의 미움을 샀고 한국전쟁에서 미군이 참패할 수밖에 없었던 결정적 원인을 제공했다. 맥아더가 찬란한 성공과 더불어 참담한 실패를 겪을 수밖에 없었던 이유는 무엇일까? 맥아더의 어떤 성격이 그의 삶을 이끌었던 것일까?

늑대와 같은 성격

맥아더는 군인 집안에서 태어났다. 아버지인 아서 맥아더 주니어는 미국의 장군이었다. 그를 군인으로 이끈 아버지는 맥아더가 가장 존경하는 인물이었다. 맥아더의 전투적인 의지도 아버지에게서 물려받은 것이었다. 그의 아버지는 미국 남북전쟁에 참여했으며 한평생 오른 최고 직함은 중장이었고 최고 보직은 필리핀에 주재한 첫 번째 군정장관이었다. 이것은 맥아더가 전쟁과 관련된 일을 하게 된 발판이 되었다. 맥아더는 갓난아기 때부터 군영 생활에 익숙했다. 말년에 맥아더는 "내 인생의 첫 번째 기억은 군대 나팔소리였다. 아버지는 나에게 생명뿐 아니라 평생의 직업도 주었다. 나의 모든 것은 아버지가 준 것이다"라고 회고했다.

맥아더는 승리를 갈망하며 모험을 감행하는 등 늑대처럼 뼛속까지 군인의 기질을 타고난 사람이었다. 맥아더는 늑대가 사냥감을 포획하듯 전쟁에 나가 많은 승리를 거두었다. 때로는 사냥감을 놓친 늑대처럼 전쟁에서 패한 적도 있었지만 맥아더는 실패를 기회로 삼아 전술을 연마함으로써 성공하기 위한 실력을 키웠다. 심리학에서는 늑대 같은 성격이 있는 사람을 성공에 대한 갈망과 집착이 지나치게 강한 사람이라고 정의한다. 성공하고자 하는 사람은 정신적으로 매우 기민하며 행동이 과감하고 결단력이 있는 편이다. 맥아더는 꿈에서조차 끝까지 싸우는 사람이었고 영원히 전쟁 영웅이 되고자 한 사람이었다.

제1차 세계대전 당시에 맥아더는 미군 제42보병대인 '레인보우' 사단에서 참모장과 여단장 등의 직책을 맡았다. 1918년 2월 중순, 사단 병력을 이끌고 프랑스 로렌 지방 남부에 있는 뤼네빌 요새로 진격했다. 1차 출격에서 직접 진격을 지휘하면서 쏟아지는 총탄을 뚫고 앞장서 내달리며 '나를 따르라'고 외쳤다. 사병들도 함성을 지르며 돌격하여 적군과 맞섰고, 그 결과 전투에서 승리했다. 한번은 맥아더가 채찍을 들고 얼굴에 진흙을 발라 변장한 채 사단장에게 보고도 하지 않고 프랑스 돌격대를 따라 독일군 진영을 습격했다. 격렬하고 잔혹한 전투 끝에 600여 명의 독일군이 포로로 잡혔는데, 그중에는 맥아더가 채찍으로 사로잡은 독일군 장교도 있었다. 맥아더가 적군이 포격하는 와중에도 침착하게 지휘관 초소에 앉아있어 주변 참모들을 안절부절못하게 만들었던 적도 있었다. 그는 오히려 독일군은 아직 자신을 죽일 수 있는 포탄을 만들지 못했다고 의연하게 말했다.

이같이 맥아더의 늑대와 같은 전투 정신과 승리를 향한 강한 용기를 두고 사단장들은 "전장에서는 영웅주의와 용감한 행동을 흔하게 볼 수 있지만 맥아더의 용맹은 독보적이었다"라고 회상했다. 미국의 유명한 장군인 패튼George Smith Patton도 아내에게 보낸 편지에서 맥아더를 이렇게 평했다.

"나는 지금 한 여단의 진지를 행군하고 있소. 병사들은 다 포탄 구덩이에 엎드려 있는데 맥아더 장군만은 낮은 언덕 위에 서 있소. (…) 내가 맥아더 장군 쪽으로 가는데 포탄이 한 차례 날아왔소. (…) 우리 두 사람 다 피하고 싶으면서도 입을 열지 못한 것 같다는 생각이 들었소. 두 사람은 그냥 포화가 지나가기만을 기다리며 서 있었소."

바로 옆에서 포탄이 터지고 뿌연 흙먼지가 날리는 순간 패튼은 경직되어 꼿꼿하게 선 채 한 발을 뒤로 뺐다. 이때 맥아더는 오히려 유머러스하게 "무서워하지 말게. 자네를 명중시키는 포탄 소리는 듣지 못할 걸세"라고 말했다. 맥아더는 이날 전장에서 크게 활약하여 다섯 번째 은성훈장(미국 대통령이 수여하는 무공훈장)을 받았고 패튼은 맥아더를 영원히 존경하게 되었다. 패튼은 맥아더를 "내가 만나본 사람 중에 가장 용감한 사람"이라고 말했다.

전쟁이 끝난 후 레인보우 사단의 참모들은 맥아더에게 기념품을

선물했다. "용감한 이들 중에서도 가장 용감한 이에게 바칩니다"라
는 문구가 도금된 담뱃갑이었다.

독선적인 성격과 강렬한 자기 과시욕

맥아더는 줄곧 성공하고자 하는 마음과 자신을 드러내고자 하는
마음이 강했다. 귀족 출신인 어머니는 어렸을 때부터 맥아더에게 공
명심과 책임감을 심어주었다. 지나친 성취욕은 성장 과정에서 긍정
적으로 작용한 면도 있지만 평범한 일에는 마음을 붙이지 못하게
만드는 등 부정적으로 작용하기도 했다.

1903년 6월 11일, 맥아더는 평균 98.14의 성적으로 웨스트포인트
사관학교를 졸업하고 공병 부대로 발령을 받았다. 제일 처음 맡은
임무는 세크라멘토와 산 호아킨 벨리에서 탄갱을 관리하는 것이었
는데 일이 너무 단조롭다며 우울해했고 집에서 너무 멀다며 불평을
늘어놓았다. 1904년 맥아더는 제3공병대와 함께 필리핀으로 파견되
어 임무를 수행했고 귀국 후에는 워싱턴의 공병 학교에서 수학했는
데, 재학 기간에 운 좋게도 시어도어 루스벨트 대통령의 군사 조수
로 발탁되었다. 무미건조한데 학교생활에 비해 백악관 생활은 화려
하기 그지없었고 맥아더를 흥분시키기에 충분했다. 결국 맥아더는
학업을 중도에 그만두었다. 테일러Frederick Winslow Taylor 교장은 맥
아더가 속해 있는 부대 책임자에게 "유감스럽지만 사실대로 보고합

니다. (…) 맥아더 중위는 직업에 대한 열의가 부족하고 웨스트포인트 사관학교의 성적에 훨씬 못 미치는 모습을 보여주고 있습니다"라고 불만을 토로했다.

맥아더는 공병 학교를 마친 후 밀워키로 발령받아 저드슨 소령 밑에서 공사 계획 입안과 공사 상황 감독을 담당했다. 원대한 포부를 품은 젊은이에게 이 일이 마음에 들 리 만무했다. 맥아더는 업무의 답답함을 해소하기 위해 종종 멋대로 근무지를 이탈해 근처에 살던 부모님을 만나러 갔다. 저드슨 소령은 맥아더가 정신을 차리고 일에 매진하도록 하기 위해 밀워키에서 약 97킬로미터 떨어진 매니토웍으로 발령냈다. 또한 평가서에 "맥아더 중위는 임무를 수행할 때 추천서에 열거된 장점을 전혀 발휘하지 못했습니다. 외모가 출중하고 태도가 당당하기는 하나 임무를 수행하는 모습은 별로 만족스럽지 못했습니다"라고 썼다.

맥아더는 이를 듣고 불만에 차서 즉시 반박했다.

"저는 재임 기간 내내 신분에 맞게 행동하고 규율을 지켰으며 상식 밖의 일을 하지 않았다고 생각했는데 저드슨 소령님이 그렇게 평가하시다니 정말 서운합니다. 계속 이럴 거라면 더 이상 군생활을 계속할 이유가 없을 것 같습니다."

맥아더는 잔뜩 화가 나서 쓴 의견서를 윗선을 건너뛴 채 총책임자인 마셜George Catlett Marshall 준장에게 보내버렸다. 마셜 준장은 그것을 받자마자 윗선을 건너뛰어서는 안 되는 거라고 맥아더를 비난하면서 규정을 위반한 이런 행위 자체가 저드슨 소령의 보고가 옳음을 증명하는 것이라고 말했다.

맥아더의 가장 두드러진 성격은 앞에 나서기를 좋아하고 오만하다는 것이다. 트루먼 미국 대통령은 한때 맥아더를 지위가 높아 월급을 많이 받긴 하지만 허영에 가득 차서 잘난 척만 하는 '오성 맥아더 장군'이라고 비꼰 적이 있는데, 태평양전쟁이 아직 끝나지 않았을 때의 일이었다. 당시 맥아더는 태평양전쟁에서 미국의 총사령관으로, 명성이 최고조에 달해 있었다.

맥아더는 한 번 결정을 내린 상황에 대해서는 '안 될 것이다' 혹은 '아마 될 지도 모릅니다' 와 같은 말은 아예 들으려 하지를 않는 등 오만과 독선이 극에 달할 때가 간혹 있었다. 그리고 이런 자신의 태도 때문에 엄청난 대가를 치러야 했다.

한국전쟁이 발발했을 때 맥아더는 UN군 총사령관에 임명되어 미군을 주축으로 한 연합군을 이끌고 북한을 공격했다. 전선이 확대되자 중국의 저우언라이周恩來 총리는 '미군이 38선을 넘는다면 중국도 참전하겠다'고 단호히 공표했다. 맥아더는 저우언라이의 경고를 무시하고 거만하게 말했다. "중국 공산당이 개입해서 출병하면 나는 즉각 압록강의 모든 다리를 폭파할 것이다. 중공군이 압록강을 헤엄쳐 건넌다면 어쩔 수 없지만 말이다." 미군 합참 의장 브래들리Omar Nelson Bradley는 맥아더의 군사적 판단이 너무 무모하고 거만하다고 생각하여 "장군, 지금 북한은 겨울이라 압록강이 얼어붙을 겁니다"라고 말했지만 맥아더는 '안 된다'는 말을 듣고 싶지 않아 계속 고집을 부렸다. "내 군사적 판단에 따르면 중공군의 어떤 지휘관도 이미 파괴될 대로 파괴된 한반도에 위험을 무릅쓰고 많은 병력을 투입하지는 않을 걸세. 출병한다면 보급품 부족으로 섬멸될 텐데 누가 그런 위험을 감수하겠나? 북한은 겨울에 눈이 많이 내리니 눈이나 먹으라고 해! 중공군이 강을 건넌다 해도 내가 보급선을 다 끊어버릴 걸세."

또 맥아더는 한국전쟁이 추수감사절 전에 끝날 것이기에 미국 사병들이 명절을 고향에서 보낼 수 있을 것이라 주장하기도 했다.

1950년 10월 19일, 중국 인민지원군 제42군은 먼저 압록강을 건너 북한으로 들어와 작전에 돌입하자마자 첫 전투에서 승리를 거뒀다. 맥아더는 첫 전투에서 패배했지만 중국의 출병은 상징적인 것일 뿐 걱정할 필요가 없다고 고집을 부렸다. 1950년 11월 24일 도쿄의 한 건물에서 맥아더는 언론을 통해 압록강 변으로 전진해 북한 인민군 주력 부대를 포위해서 한국전쟁을 끝내겠다는 자신의 계획을 의기양양하게 발표했다. 또 미군 사병들이 집으로 돌아가서 성탄절을 지낼 수 있게 한다는 새로운 계획도 발표했다. 하지만 중국 인민지원군은 11월 25일 2차 전투를 벌여 한국군과 미군을 전체적으로 38선 이남까지 밀어냈고, 12월 5일에는 이미 빼앗겼던 평양마저 되찾았다. 1950년 12월 31일에 북한과 중국 연합군은 3차 전투를 개시하여 38선 이남 약 80킬로미터 지점까지 밀고 들어와 서울마저 점령했다.

엄청난 패배 후 트루먼 대통령은 1951년 4월 11일에 맥아더를 최고사령관에서 해임했다. 우습게도 맥아더는 해임 명령을 무선 라디오를 통해 전 세계인과 함께 들어야 했다. 아마 맥아더 일생 최대의 굴욕이었을 것이다. 이로써 한국전쟁의 패배는 전쟁의 신이라 불렸던 맥아더의 군인 인생에서 지울 수 없는 오점으로 남았다. 클라크Mark Wayne Clark 장군은 맥아더를 대신해 최고사령관에 임명되어 판문점에서 진행된 휴전 협정에 사인했다. 그러고 나서 실망한 모습으로 "나는 미국 역사에서 승리를 거두지 못한 채 정전 협정에 사인한 첫 번째 육군 사령관이 되었다. 실망스럽고 괴롭다"고 말했다.

맥아더의 연기성 성격 분석

맥아더의 성격은 아주 흥미롭다. 거만하고 잘난 체하는 성격에 상상력이 풍부하고 자신을 드러내기 좋아했지만 한편으로는 부지런하고 독립적이었으며 창의성이 뛰어나고 모험을 즐기기도 했다. 전형적인 미국인인 셈이다. 심리학자들은 미국인은 일반적으로 원기 왕성하고 힘이 넘치며 무모할 정도로 낙관적이라고 한다. 또한 광적으로 종교에 빠져들고 오만하며 세상을 구하는 영웅 의식 같은 게 있다고 말한다. 이것은 중국인이 보수적이고 겸손하며 속박되는 경향이 있고 신중하며 집단주의적이라는 것과 선명한 대조를 이룬다. 미국인은 대체적으로 자기표현에 적극적이다.

1980년대 이전에 사회심리학자들은 일반적으로 자기표현을 비주류 개념으로 생각했다. 자기표현 이론은 사회심리 연구의 변형된 형태이거나 광고, 비즈니스, 정치에서 응용할 수 있는 이론 정도로만 여겨졌다. 기본적으로 대인 관계에서 자기를 드러내는 과정으로 여겨지는 일은 극히 드물었다. 하지만 1980년대부터 자기표현이라는 개념을 다르게 분석하기 시작했다. 사회심리학에서는 사람이 자각한 인상을 통제하는 과정을 자기표현이라고 한다. 즉, 자기표현은 사람과 사람이 상호작용할 때 가장 기본적인 수단인 셈이다. 현실에서 사람은 늘 정해진 방식에 따라 의식적으로 자신을 표현함으로써 다른 사람에게 주고 싶은 자신의 인상을 각인시켜 어떤 목적을 이루려고 한다. 사회심리학자인 고프먼Earving Goffman은 인간을 일상생활이라는 무대에서 연기하는 연기자로 보고 인간의 상호작용을 연기자가 자신을 표출하는 과정이라고 생각했다. 고프먼은 "의도하는 목적이 있기 때문에 다른 사람 앞에서 어떤 행동을 하게 되고, 그 행동을 통해 자신에게 이익이 되는 이미지를 타인에게 전달할 수 있는 것"이라고 지적했다.

맥아더는 무슨 일이든 아예 안 했으면 안 했지 일단 하면 역사상 최고가 되어야 한다고 자신을 다그쳤다. 그가 웨스트포인트 사관학교에서 거둔 성적은 지금까지도 깨지지 않고 있다. 미군 역사상 최연소 장군이었고 스물두 개의 훈장을 받아 훈장을 가장 많이 받은 군인이었으며 최연소 미국 육군 참모장, 최연소 사성장군이 되었다.

맥아더가 미국 올림픽위원회 회장직을 맡았을 때 거둔 올림픽 성적
은 사상 최고를 기록했다. 또 필리핀에서 원사 직함을 받아 외국에
서 원사 직함을 받은 유일한 미군이 되었다. 제2차 세계대전 때에는
미군 극동군 총사령관, 남서 태평양 사령관, 연합군 총사령관 등을
역임했고 전쟁이 끝난 후에는 일본을 도와 유례없는 경제 기적을 일
궈냈다. 끝으로, 숨을 거두기 하루 전에 회고록을 출판할 정도였다.

관련 상식

연기성 성격 진단

『중국 정신질병 진단 기준』에서 제시하는 연기성 성격 여부와 관련된 진단 기준은 다음과
같다.
1. 인격 장애로 진단받는 기준에 해당해야 한다.
2. 지나치게 감정적으로 일을 처리하거나 과장된 언행으로 다른 사람의 이목을 끄는 등의
모습이 두드러진다. 최소한 아래 세 가지 항목에 해당하면 연기성 성격이라 할 수 있다.
    (1) 연기하듯이 극적이고 과장되게 감정을 표현한다.
    (2) 감정 변화가 심하다.
    (3) 자기중심적이고 제멋대로이며 다른 사람을 배려하지 않는다.
    (4) 자극적이고 주목을 끌 수 있는 활동에 참여하려 한다.
    (5) 끊임없이 칭찬을 갈망하고 쉽게 상처받는다.
    (6) 섹시함을 드러냄으로써 주목받고자 하는 욕구를 충족한다.
    (7) 다른 사람의 영향을 쉽게 받으며 아무런 비판 없이 곧이곧대로 받아들인다.

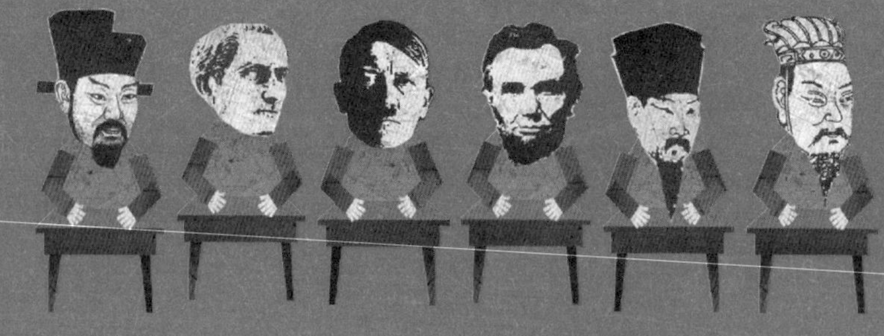

제4부

자아 인지

자아Self란 자기 존재 모든 것의 인식을 말한다. 자신감Self-confidence은 자신에 대한 정서적 경험으로, 자신을 긍정적으로 평가하는 태도를 말한다. 반면 열등감inferiority은 자신을 낮게 평가하는 태도로, 심리 발달 과정에 중요한 영향을 미치는 요소다. 사람은 자아 발전 과정에서 '보상 기제'로 열등감을 조절한다. 적절하고 긍정적인 보상 기제는 보다 뛰어난 성과를 위해 분투하는 동기가 되고 자신감과 자존감을 갖게 하는 촉진제가 되지만 지나친 보상은 성격을 왜곡시키거나 분열시키기도 한다.

제14장

구천
상처받은 자존심은 괴물이다

월나라 왕인 구천이 와신상담한 이야기는 예로부터 어떤 일을 도모할 때 본보기로 삼는 자세로 회자되었다. 그러나 구천 본인은 오랜 세월 수치심을 느끼며 살았기 때문에 성격이 무자비하게 바뀌어버렸다.

구천勾踐은 출생 연도가 분명하지 않지만 중국 춘추시대 후기인 기원전 497년에서 기원전 465년까지 월나라의 군주로 재임했다. 구천이 즉위한 후 오나라와 월나라는 관계가 악화되었는데, 오나라 왕인 합려闔閭가 전쟁에서 패하고 부상을 입어 횡사했기 때문이었다. 이에 왕위를 물려받은 아들 부차夫差가 월나라를 격파하고 구천을 인질로 붙잡아 아버지의 원수를 갚았다. 구천은 월나라의 대신과 백성에게 자신을 탓하라고 하면서 오나라로 가 부차의 노예가 되었다. 부차의 똥오줌을 살피는 등 오욕의 세월을 견뎌내면서 부차의 신임을 얻어내 마침내 3년 후 포로에서 풀려나 월나라로 돌아갔다. 그는 오나라를 멸망시키겠다고 복수를 다짐하며 풀숲에서 자고 쓴 쓸개를 먹으면서 와신상담했다. 범려范蠡와 문종文種 등의 인재를 등용하고 설욕할 그날을 기다리며 10년 동안 칼을 갈고 힘을 길렀다. 기원전 482년에 구천은 오나라 수도를 공격하여 오나라 태자를 죽이고 부차의 투항과 화친을 받아냈다. 기원전 473년 다시 오나라를 공격하여 수도를 3년이나 포위했고 오나라 왕 부차는 항복이 받아들여지지 않자 자결했다. 이로써 월나라는 오나라를 멸망시켰다.

월나라 왕인 구천이 와신상담한 이야기는 오랜 세월 동안 어떤 일을 도모할 때 본보기로 삼는 자세로 회자되었다. 구천은 자세를 낮추고 약자인 척하는 것이 살아남는 길이라 한 노자의 말을 떠올리게 한다. 그렇다면 구천이 남들은 참지 못하는 상황을 감내하고 남들은 하지 않는 일을 해낼 수 있었던 이유는 무엇이었을까? 구천이 나라의 부흥을 위해 치욕을 견뎌낸 과정에서 스스로 성격을 억누르고 자신을 왜곡할 수 있었던 이유는 무엇일까? 구천이 오욕의 세월을 견뎌내고 마침내 나라를 재건한 사실은 오늘날 우리에게 무엇을 일깨우는가?

구천의 심리적 적응 능력

월나라 왕인 구천과 그의 책사 범려는 중국 역사의 기념비적인 인물로 평가받는다. 구천은 전쟁에 패한 제후국의 군주였지만 나라의 재건을 위해 와신상담하며 인고의 세월을 견뎠다. 즉 한 나라의 왕이면서도 몸을 낮춰 오나라 왕 부차의 시중을 들었고 부차에게 서시西施(월나라의 미녀, 중국 4대 미녀 중 한 명으로 손꼽힘)를 바치기까지 했다. 구천의 이런 자세는 중국인에게 귀감으로 남았다.

기원전 492년 5월에 구천은 대신 범려의 제안에 따라 부인과 범려를 데리고 스스로 오나라의 인질이 되어 부차에게 시중드는 하인이 되었다. 부차는 구천이 오나라 수도에 도착하자 선왕인 합려의 무덤 앞에 있는 작은 돌집에 머물게 했다. 그러면서 무덤을 돌보고 말을 사육하게 하여 의도적으로 치욕을 주었다. 간혹 말을 타고 외출할 때면 일부러 구천에게 말을 끌고 오나라 백성들 앞을 지나게 했다. 구천은 비천한 신하를 자처하며 이 모든 굴욕을 참고 예를 갖춰 오나라 왕을 극진하게 섬겼다. 구천은 형편없는 잡곡을 먹고 마구간에서 자면서 고된 노역을 견뎌내는 등 부차의 진짜 노예보다 더 힘겨운 생활을 했다. 부차가 병이 났을 때는 문안을 가서 부차의 오물통을 열고 부차가 막 본 변을 관찰하여 병세를 살피기까지 했다. 그러면서도 3년 동안 화를 내거나 증오를 드러내는 법이 없었다. 평범한 사람은 결코 해내지 못할 일이었다.

정신분석이론을 적용해보면 구천은 일반인은 따라할 수도 없을 만큼 자기 조절 능력이 강했다. 심리적 적응은 심리 조절이라고도 한다. 이는 좌절이나 실패에 맞닥뜨렸을 때 자발적으로 자신의 인생 목표를 바꾸거나 목표 추구를 위해 한층 더 매진하거나 혹은 기대치를 낮추는 행위를 이른다. 그러면서 자신의 심리 상태와 행동을 객관적, 주관적 환경 변화에 적응시켜 심리 건강을 유지시킨다. 심리적 적응의 긍정적인 측면은 어려움과 좌절을 겪은 후 오는 정신적 스트레스를 줄이거나 없애 심리적 균형을 되찾을 수 있다는 점이다. 뿐만 아니라 능동성과 의지를 발휘하여 어려움을 극복하고 절망에서 벗어날 수 있다. 반면 심리적 적응의 부정적 측면은 스트레스가 해소되면서 자신의 처지에 만족해버리거나 혹은 위축되기도 하고 심지어 두려움 때문에 생긴 심적 질환에 시달릴 수도 있다는 점이다. 구천은 다음과 같은 네 가지 방어기제를 보였다.

첫째, 고통을 가치로 승화시켰다. 승화란 행위의 목표를 보다 높게 혹은 더 가치 있게 잡음으로써 자신의 욕망을 충족시키는 것을 말한다. 구천이 한 나라의 군주라는 자리를 버리고 오나라에서 노비 생활을 했다는 것은 더 나은 목표를 위해 고통을 감내한 승화의 경지를 잘 보여준다. "불행은 가장 좋은 학교"라는 러시아의 문예평론가이자 사상가인 벨린스키Vissarion Grigorevich Belinskii의 말을 몸소 증명해낸 것이다.

둘째, 자기변명을 늘어놓았다. 이것은 곧 자기 합리화를 말하며 각종 이유나 핑계를 대서 자신이 한 행동의 정당성을 강조한다. 그래서 다른 사람이나 사회의 인정을 얻으려고 하는 행위이다. 가장 자주 볼 수 있는 합리화에는 '신 포도 효과'와 '단 레몬 효과'가 있다. 전자는 자신이 이루지 못한 목표나 갖지 못한 것을 원래 좋아하지 않았다고, 혹은 얻고자 하는 생각이 없었다고 말하는 것이다. 반면 후자는 자기 것의 장점은 과대포장하고 단점은 축소하여 심적 부담을 줄이려는 것이다.

셋째, 보상 기제를 발휘했다. 보상이란 자신의 어떤 결점 때문에 목표를 달성하지 못해 생긴 좌절감이나 패배감을, 장점과 특기를 발휘하여 새로운 목표를 이룸으로써 해소하는 것을 말한다. '일출은 못 봤지만 일몰은 봤으니까 괜찮아', 혹은 '동쪽이 어두우면 서쪽이 밝지'와 같은 말이 여기에 해당한다.

넷째, 환상 속에서 살았다. 환상은 상상으로 욕구를 충족시킴으로써 심적 고통에서 벗어나려는 것을 말한다.

구천은 굴욕을 당할 때마다 자신만의 사유 방식으로 자신을 위로하여 심지어 굴욕을 당할수록 더 강해졌다. 구천의 심리적 적응 능력은 누구와도 비교할 수 없는 경지에 이르렀던 것이다. 이처럼 강인한 내면 덕분에 구천은 삶의 즐거움과 욕망을 최대한으로 억누르고 견뎌내어 부차가 자신을 절대적으로 신뢰하게 만들었다. 결국 부차는 오자서伍子胥의 간언을 듣지 않고 구천과 그의 부인, 범려를 석방하여 월나라로 가게 했다.

구천이 몰인정하고 무자비하게 된 원인

구천이 월나라를 재건할 수 있었던 데에 범려의 공이 단연 컸다. 그러나 훗날 두 사람의 관계는 '주군과 충신은 세상을 제패하기 위해 함께 힘쓸 수는 있지만 천하 제패 후 권력을 함께 나눌 수는 없다'는 부정적 선례를 남길 만큼 악화되었다. 중국의 많은 왕이 이 선례를 변명삼아 나라를 세운 후 개국 공신과 장군을 숙청했다. 중국 역사에서 대부분의 왕은 나라를 창건한 후 크든 작든 개국 공신을 박해했는데, 이런 무자비한 군주의 원형은 바로 구천에서 시작되었다.

월나라가 전쟁에 패한 후 구천은 2보 전진을 위한 1보 후퇴라는 범려의 책략에 따라 오나라 왕에게 몸을 낮춰 재물을 바치며 화친을 요청했다. 구천이 오나라에서 비천하게 지내던 3년 동안 범려는 늘 그의 곁을 지키며 함께 굴욕을 견뎌냈다. 구천이 너무 힘들어 모든 것을 포기하려 할 때마다 범려는 구천을 다독였다. 범려의 지혜와 의리가 아니었다면 구천은 절대 자신의 이상을 실현하지 못했을 것이다. 그러나 구천이 월나라로 돌아온 후 범려는 구천과 함께 승리의 기쁨을 감히 나누지 않고 스스로 물러나 은둔 생활을 했다. 공훈을 세웠지만 스스로 물러남으로써 구천을 몰인정하고 무자비한 사람으로 만드는 데 일조한 셈이 되었다. 범려는 천하 제패를 도모할 때는 구천에게 나중을 위해 한발 물러서도록 제안했지만 정작 천하를 얻은 후에는 자신이 스스로 한발 물러났다. 이에 대해 범려는 구천이 제패한 천하의 권력을 함께 누릴 인물이 아니기에 구천에게 내쳐지기 전에 알아서 떠나는 편이 낫다고 말했다. 뿐만 아니라 범려는 문종에게도 서신을 보내 구천의 곁을 떠나 화를 피하라고 권고했다. 범려의 행동은 구천의 속을 꿰뚫어 보아서라기보다 구

천이 자신을 냉혹하게 대하도록 내버려 둔 것이라고 보는 편이 옳을
것이다.

바꿔 말하면, 구천은 처음에 현명한 왕이 되고자 했기 때문에 범
려가 구천의 드러나지 않는 무자비한 성격에 대응하느라 처음부터
진을 뺄 필요는 없었다. 어떤 의미에서는 구천의 무자비한 성격 형
성에 범려도 일조했다고 할 수 있다. 다만 범려는 자신의 이익을 지
키기 위해 주군의 마음을 움직일 수 있는 적절한 방법을 몰랐고 그
래서 자신의 신변 보호를 위해 그의 곁을 떠날 수밖에 없었다. 범려
의 이러한 행동은 구천이 진짜 나쁜 사람이 되도록 몰아세웠고 훗
날 황제들에게 개국 공신을 숙청해도 된다는 나쁜 선례를 남기고
말았다.

구천의 환관 심리 분석

구천은 나라를 재건하기 위해서라면 오랫동안 자신의 성격을 극
도로 억압하는 것도 마다하지 않았고 그 과정에서 성격이 점점 모나
게 되었다. 이처럼 목적을 이루기 위해 어떤 억압도 마다않는 태도
는 '환관 심리' 상태가 될 가능성이 크다.

김용金庸이 쓴 『소오강호笑傲江湖』에는 가장 높은 경지의 무공을
연마하기 위해 자신을 거세하여 스스로 고자가 된 강호의 고수들
이 등장한다. 자신의 가장 중요한 것을 포기한 남자는 자신이 다른

남자보다 더 남자답다는 것을 증명하기 위해 전심전력으로 어떤 일의 성취에 매달린다. 이처럼 다른 영역에서 보상을 받으려는 심리를 환관 심리라 한다. 남자는 성기를 인생에서 가장 자랑스럽고 중요하게 여기는 경향이 있다. 그래서 성기를 포기한 대가로 얻으려는 것은 분명 돈으로도 환산할 수 없는 가치를 지닌 것이어야 한다. 따라서 환관은 남자의 자존심으로 여겨지는 성기를 희생한 후에 그것을 보상받으려는 강한 집착을 보이며, 자신이 잃은 것을 대신하기엔 일생 동안 벌어들인 것도 부족하다고 생각하는 것이다. 그래서 환관은 보통 사람보다 더 강하게 권력에 집착하며 권모술수에 능하다. 권력을 일단 손에 쥐면 더 잔혹해지고 탐욕스러워지며 복수심에 불탄다. 그렇게 해야 심리적으로 안정을 찾을 수 있기 때문이다. 구천은 오랫동안 긴장하고 수치심을 느끼면서 생활했기에 성격이 많이 비뚤어졌다. 그래서 권력을 잡자마자 치욕을 견뎌낸 인내만큼 무자비한 성격을 드러내고 말았다.

다시 말하면, 구천이 은혜를 원수로 갚은 것은 그의 상처받은 자존심을 보상받고 싶은 심리가 이상한 방향으로 표출되었기 때문이다. 적을 제거한 후, 자신의 자존심이 상처받았다는 사실을 아는 사람은 측근밖에 없고 그것을 아는 측근을 제거하면 자신의 자존심이 회복될 수 있을 거라 여겼다. 상처받은 자존심을 회복하려고 측근을 죽인 것이야말로 환관 심리를 드러낸 것으로, 구천이 무자비해진 심리적 원인이다.

성격을 비뚤게 하는 원인은 억압

억압이란 의식적으로 도저히 받아들이기 힘든 행동이나 정서적 경험 등을 자신의 의식 영역 밖으로 밀어내 생각도 나지 않게 만듦으로써 심리적 부담과 긴장을 해소하려는 것이다. 프로이트의 설명에 따르면 억압되고 고통스러운 경험이나 충돌은 진짜로 사라진 것이 아니라 의식 영역에서 무의식 영역으로 전환된 것일 뿐이며 종종 가장된 방식으로, 일시적이며 상징적으로 표출된다고 한다. 억압은 심리적 적응 중에서도 중요한 방어기제로, 적절하지 못한 충동을 통제하여 잠깐 심각한 심리적 갈등을 피했다가 대처할 능력이 생길 때 대응하도록 만든다. 그러나 무의식 속에 숨어있던 고통스러운 경험과 억눌린 충동이 의식적으로 통제할 수 있는 능력을 넘어서면 성격이 나쁘게 변하고 이상 심리나 심리적 질환이 나타나게 된다.

제15장

조조
호탕한 맹덕, 간사한 아만

조조는 조맹덕曹孟德과 조아만曹阿瞞이라는 두 사람의 인격을 지녔다고 볼 수 있다. 낙천적이고 너그러운 조조는 조맹덕이며, 의심이 많은 조조는 조아만이다. 우월감 넘치는 겉모습과는 달리 마음속에는 열등감이 숨어 있었다.

조조曹操(155~220)는 동한 말의 정치가이자 군인, 문학가이다. 원래 성은 하후夏侯이고 자는 맹덕孟德이며 아명은 아만阿瞞이다. 패국沛國 초현譙縣(지금의 안후이安徽성 보저우亳州) 출신이다. 조조는 젊은 시절부터 재능이 뛰어나서 당시의 명사 허소許邵가 일찍이 그를 두고 "평화로운 시대라면 유능한 신하가 되겠지만 난세라면 간웅이 될 것이다"라고 평했다. 건안建安 원년(196)에 조조는 한나라 헌제獻帝를 맞아 허현許縣(지금의 허난河南성 허창許昌)으로 천도하여 천자를 등에 업고 제후들을 호령했다. 여포呂布와 원소袁紹 등 군웅할거 세력을 차례로 평정하고 중국의 북부 지역을 점차 통일해갔다. 건안 13년(208)에 승상의 자리에 올라 군대를 이끌고 남쪽으로 내려갔지만 적벽에서 손권과 유비 연합군에 패하여 천하통일의 꿈은 이루지 못했다. 하지만 그 후 위나라 왕에 봉해졌다. 조조가 죽고 얼마 후 아들 조비가 한나라의 황제가 되어 국호를 위魏라 정하고 조조를 위나라 무제武帝로 추존했다.

조조는 한나라 말에 효렴孝廉에 천거되어 벼슬길에 오른 후부터 줄곧 남쪽을 정벌하고 북쪽과 전쟁을 벌였으며 천자를 등에 업고 제후들을 호령하는 등 권세를 누렸다. 조조의 영웅담은 대대로 후대 사람이 감탄할 만큼 대단한 것이었다. 조조는 어떻게 역사에 남는 공적을 세울 수 있었을까? 성공 이면에 있는 조조의 어떤 성격이 이러한 삶을 주조했을까? 또한 조조에 대한 후세의 평가가 엇갈리는 이유는 무엇일까? 조조는 능력 있는 신하였을까 아니면 간사하고 꾀 많은 간웅이었을까?

겉으로 드러난 조조의 낙천적 성격

조조의 가장 두드러지는 성격은 활달하고 자신감이 넘치며 작은 일에 연연해하지 않는다는 점이다. 글을 보면 그 사람을 알 수 있듯이 조조의 비범한 문학적 재능도 그의 이러한 성격을 잘 보여준다. 『전론典論』「자서自敍」에는 다음과 같이 기록되어 있다.

"주상(조조)께서는 시서와 책을 좋아했다. 전장에 있을 때도 손에서 책을 놓지 않았다. 매일 아침저녁으로 문안드릴 때마다 '사람이 젊은 시절에 배우기를 좋아하면 생각이 깊어지지만 나이 들어 잊어버리기 쉽다. 나이가 들어서도 배움에 부지런한 사람은 오직 나와 원백업袁伯業(산양山陽 태수 원유袁遺)뿐이구나'라고 조용히 말씀하셨다."

또 『삼국지』 「위서魏書」에는 다음과 같이 기록되어 있다.

"태조(조조)가 군대를 이끈 지 30여 년이 흘렀는데 손에서 책을 놓은 적이 없었다. 낮에는 전쟁의 전략을 논하고 밤에는 경전을 읽었다. 높은 곳에 올라가면 반드시 부賦(비유를 쓰지 않고 사물이나 그에 대한 감상을 직접 서술하는 글)를 지었고 새로운 시가 막힘없이 나왔다. 또한 손에 관악기와 현악기를 쥐면 아름다운 곡이 흘러나왔다."

조조는 다음과 같은 시를 남기기도 했다. "술잔을 들고 노래나 부르세, 인생 살면 얼마나 산다고. 아침 이슬과 같은 덧없는 인생, 지난날 얼마나 고통스러웠던가" "늙은 천리마 마구간에 엎드려 있어도 뜻은 천 리를 달리고, 열사는 늙어도 비장한 뜻 꺾이지 않네", 이런 시를 읽고 있으면 관대하고 자신감이 넘치는 조조가 우리 앞에 서 있는 것만 같다.

조조의 성격 자체는 사실 특별한 구석이 없었지만 역경 속에서 그 성격이 빛을 발했다는 것이 대단하다. 『삼국지』「무제기주武帝紀註」에 이런 기록이 있다.

"공(조조)이 황하를 건너려 할 때 선두부대가 먼저 강을 건너자 마초馬超 등이 갑자기 추격해왔다. 공은 오히려 앉아서 일어나지 않았다. 사태가 위급해지자 장합張郃 등이 공을 이끌어 배에 타게 했다. 황하의 물살이 빠르고 세차 출발하자마자 4~5리를 흘러갔다. 마초 등이 말을 타고 추격하면서 활을 쏘아대니 화살이 비 오듯 쏟아졌다. 아군이 패한 데다 공이 있는 곳을 알지 못해 당황하고 두려워하던 여러 장수가 마침내 공을 만났는데, 슬픔과 기쁨이 교차하여 눈물을 흘리는 이도 있었다. 공은 크게 웃으며 '오늘 하마터면 별 볼일 없는 적에게 곤란을 당할 뻔했구나'라고 말했다."

전쟁에 패했음에도 흔들리는 기색 없이 오히려 호탕하게 웃는 것은 오직 조조만이 할 수 있는 일이었을 것이다. 병사들의 사기가 떨어져 있을 때 지휘관의 태도는 사기를 진작시킬 수도, 더 떨어뜨릴 수도 있다. 지휘관의 호탕한 웃음과 힘찬 말 한마디는 엄동설한의 모닥불처럼 사병의 마음을 훈훈하게 하고 사기를 높일 수 있다. 이것이야말로 진정한 명장의 면모가 아니겠는가?

조조는 낙천적이고 호방한 성격 때문에 복잡한 정세와 위험한 환경에 잘 적응할 수 있었고 숱한 좌절과 실패에도 불구하고 번민과 고통을 달랠 수 있었다. 조조는 변수汴水 전투, 포위망을 가까스로 뚫었던 육수淯水 전투, 복양濮陽 전투, 많은 사상자를 냈던 적벽대전, 위남渭南 전투에 이르기까지 모두 벼랑 끝으로 몰린 상황에서 겨우 살아남았다. 그러나 그는 시종일관 침착했다. 일단 고비를 넘기면 아무렇지도 않은 듯 이내 마음의 평정을 되찾았고 호탕한 웃음으로 적을 우롱한 다음 패배를 교훈삼아 전열을 가다듬었다. 이렇듯 조조는 패배에 굴하지 않는 강인한 정신적 면모를 보였다.

그에 반해 정치적 맞수였던 원술袁術, 원소, 유비 등은 역경을 극복할 수 있는 정신력이 조조보다 현저히 떨어졌다. 원술은 회남淮南으로 퇴각할 때 출혈이 심해 죽었고 원소는 관도官渡 대전에서 10만 병사를 잃고 군대가 격파되자 병으로 각혈하다 우울증으로 죽었다. 유비는 이릉夷陵 전투에서 크게 패한 후 분노와 수치심을 이기지 못하고 병이 나서 죽었다. 이처럼 정신력에서 이 세 명은 조조에 훨씬 미치지 못했다.

아끼는 부하에게 한없이 관용을 베푼 모습에서도 조조의 낙천적이고 관대한 성격이 드러난다. 원소의 책사인 진림陳琳이 조조의 가문에 심한 욕을 퍼부은 격문을 써서 조조를 성토한 적이 있었다. 이에 대해 조조는 화를 내기는커녕 문학작품처럼 감상하기까지 했다. 후에 원소의 군대를 격파하고 진림을 포로로 잡았을 때 조조는 이 일을 추궁하지 않고 오히려 그에게 중책을 맡겼다. 형중荊中의 명사 미형彌衡이 조조의 군막으로 찾아와 조조와 그의 부하를 깎아내리며 모욕을 줄 때도 조조는 미형을 죽이려는 부하를 가로막고 예를 갖춰 배웅했다. 관우는 원래 유비 수하에 있었지만 조조가 관우를 포로로 잡은 후 오히려 편장군偏將軍의 벼슬을 내리고 예를 다해 대우했다. 그 뒤 관우가 조조를 떠나 유비에게 가자 조조의 휘하들이 관우를 쫓으려 했지만 조조는 오히려 관우의 의리를 높이 평가하며 부하들에게 "누구나 자신의 주인이 있는 법이니 관우를 추격하지 말라"고 명했다. 『삼국지』「촉서6」의 일화는 조조가 덕망과 재능이 있는 인물을 예의와 겸손으로 대했음을 여실히 보여준다.

조조는 자신의 부인에게도 한없이 관대했다. 훗날 그의 정실이 된 변卞씨 부인은 창기 출신이었고, 첩이 된 윤尹씨 부인과 두杜씨 부인은 각각 전남편의 아들을 데리고 조조와 결혼했다. 두씨 부인은 원래 여포의 부하인 진의록秦宜祿의 부인이었는데 아들 진랑秦朗을 데리고 조조와 재혼하여 조구曹矩를 낳았다. 진랑은 조조의 손자인 조예曹叡와 나이가 비슷했으며 조예가 집권하던 시기에 내관內官을 맡았다가 표기장군驃騎將軍, 급사중給事中으로 승진했다. 윤씨 부인은 원래 대장군 하진何進의 며느리로, 아들 하안何晏을 데리고 조조와 재혼해서 조림曹林과 조곤曹袞을 낳았다. 조조는 의붓자식을 차별하지 않고 친자식처럼 대했고 연회 때마다 손님에게 그들을 소개하면서 "이 세상에 양자를 나만큼 사랑하는 이는 없을 것입니다"라고 말했다. 중국 역사상 실제로 이런 사례는 조조의 예를 제외하고는 찾아보기 힘들다.

사실 조조도 나르시시즘 성향이 다분했지만 이것이 조조의 너그럽고 낙천적인 성격에 영향을 미치지는 않았다. 조조는 전형적인 다중인격자였다. 여기에는 유전적인 요소와 환경적인 요소가 복합적으로 작용했다.

조조의 내면에 숨어 있던 열등감

조조의 너그럽고 낙천적인 성격 이면에는 깊은 열등감이 숨어 있다. 다시 말해 우월감이라는 겉옷을 입고 있었지만 그 안에는 열등감이 도사리고 있었던 것이다. 열등감은 뛰어난 인물이 쉽게 겪는 심리적 질병으로, 일본의 유명한 학자인 세키 가즈오는 "열등감이 전혀 없는 사람은 절대로 훌륭한 인물이 될 수 없다"고까지 말했다. 또 열등감은 자의식이 없어서 생기는 감정이자 그로 인해 다른 사람에게 존중받지 못할까 걱정하는 심리 상태라고 말했다.

조조가 열등감을 갖게 된 원인은 자신의 불명확한 출신 성분이었다. 조조는 출신 성분에 대한 열등감 때문에 결국 의심 많고 잔인하며 변덕스러운 간웅의 기질을 보이게 되었다. 부친 조숭曹嵩은 환관인 조등曹騰이 들인 양자였다. 『삼국지』「무제기」에서는 "조등은 중상시中常侍 대장추大長秋였고 비정후費亭侯에 봉해졌다. 양자 조숭이 후

사를 이었고 관직은 태위太尉에까지 올랐지만 출생의 비밀은 알 수
없다"라고 기록되어 있다. '중상시'는 환관 직함이기 때문에 이것은
조조가 환관 가문에서 태어났음을 말해준다. 조부인 조등은 환관
중에서도 지위가 가장 높았고 부친 조숭은 태위라는 높은 직위에
까지 올랐지만 출신 성분은 불명확했고 환관의 양자였다. 예로부터
환관은 사회에서 가장 천대받던 계층이었고 특히 동한 시대에 환관
은 나라를 어지럽히고 권력을 탐하는 부류로 인식되어 비난의 대상
이었다. 명문가 출신의 관료와 사대부는 환관의 자제를 더욱 멸시
했다. 명사 종세림宗世林은 조조를 경멸하여 그와 어울리려 하지 않
았다. 훗날 조조가 사공司空이 되어 국정을 총괄하게 되었을 때 종
세림에게 왕래할 의향이 있는지 조용히 물었다. 그러나 종세림은 자
신의 의지가 아직도 소나무와 잣나무같이 꿋꿋하다며 거절했다. 종
세림의 환관에 대한 편견이 얼마나 심했는지 보여주는 대목이다. 원
소는 명망 있는 가문 출신으로 관도대전에서 책사 진림에게 조조를
비난하는 격문을 쓰게 했다.

> "사공 조조의 조부인 조등은 중상시에 있을 때 좌관左悺, 서황徐
> 璜과 함께 못된 짓을 일삼고 탐욕으로 횡포를 부렸으며 세상의
> 풍속을 더럽히고 백성을 괴롭혔다. 부친 조숭은 원래 빌어먹던
> 거지였다가 조등의 양자가 되었다. (…) 아버지는 환관의 양자요,
> 조조는 그런 비루한 자의 아들로 원래부터 아름다운 덕이란 찾

아볼 수 없었다. 경솔하고 교활한 무사로 세상을 어지럽히며 남의 고통을 즐겼다."

훗날 조조는 이 격문이 지닌 문학성 때문에 진림을 높이 평가하긴 했지만 처음 이 글을 보는 순간 식은땀을 흘리며 자리를 박차고 일어섰다고 한다. 진림이 격문의 첫머리부터 조조의 아픈 곳을 찔렀기 때문이다. 이처럼 환관 가문 출신이라는 것은 조조에게 열등감으로 작용해 무의식적으로 괴롭혔다.

조조의 열등감은 외모에서도 왔다. 한나라와 위나라 백성은 외모와 풍모를 많이 따졌기 때문에 조조는 못생긴 외모에서 오는 열등감에 시달렸다. 그는 키가 작고 외모가 잘나지 못해 경박하고 위엄이 없어 보인다는 평가를 받았다. 이 때문에 정사『삼국지』에서도 조조의 외모와 관련된 글은 찾아볼 수 없는 반면, 동시대의 다른 주요 인물의 외양은 수려했음이 기록되어 있다. 원소에게는 "자태와 용모가 위엄 있다", 유표에게는 "이름은 덜 알려졌지만 팔준八俊(키가 훤칠하고 용모가 준수한 8명의 준걸)의 일원으로 키가 8척이고 외모도 매우 훌륭하다", 유비에게는 "키가 7.5척이고 팔은 무릎을 지날 정도로 길며, 귀는 고개를 돌리면 볼 수 있을 만큼 크다", 손권에게는 "턱은 네모지고 입이 크며 눈이 파랗고 수염은 붉다"라고 칭찬하고 있는 것이다. 조조의 외모는 이들에 비해 한참 떨어진다. 『세설신어世說新語』에는 이런 기록이 있다. "위나라 무제(조조)가 흉노의 사신

을 접견할 때 자신의 용모가 보잘것없어 사신을 제압할 위엄이 없다
고 여기고 최계규崔季珪를 대신 내세웠다. 무제는 대신 그 곁에서 칼
을 차고 꼿꼿하게 서 있었다." 못생긴 외모를 혐오하여 다른 사람으
로 자신을 대신하게 한 이 일화는 조조가 외모 때문에 얼마나 큰 열
등감에 시달렸는지 보여준다.

조조의 이중인격 분석

조조는 한 시대의 간웅으로서 자신감과 도량이 누구보다 컸지만
한편으로는 극심한 열등감에 시달렸으며 의심하는 성품을 지녔다.
이런 이중적인 성격 때문에 조조는 자신을 상황에 맞게 연출하며
매순간 최대의 이익을 얻었다.

첫째, 너그러운 성격 덕분에 남이 하지 못하는 일을 할 수 있었다.
관도대전이 끝난 후 조조는 자신의 진영에 원소와 내통하는 자가
많다는 사실을 알게 되었지만 삼엄하게 잘못을 추궁하지 않고 모두
보는 앞에서 원소의 군영에서 찾아낸 편지를 태워버렸다. 원소와 내
왕하던 사람을 축출한다면 자신의 수하 중 절반도 남지 않을 거라
는 사실을 잘 알고 있었기 때문이다. 또 조조는 당시 원소가 자신보
다 강했기 때문에 몇몇 사람은 원소와 진짜로 결탁했다기보다 살길
을 찾기 위한 방편으로 내통했다고 생각했다. 사방의 큰 전쟁에 맞
서고 있던 조조 진영에게 내부 분열은 제 발등을 찍는 것과 다를 바

없었다. 그러므로 과거의 잘못을 묻지 않는다는 것은 그들을 자기편으로 끌어들일 수 있을 뿐 아니라 정세를 안정시킬 수 있어 일거양득인 셈이었다. 이처럼 조조는 속이 좁은 사람은 절대 할 수 없는 냉정하고 이성적인 판단을 내렸다. 냉정한 판단을 할 수 있었던 기백은 어디에서 온 것일까? 바로 조조의 너그러움과 자신감 덕분이라 할 수 있다.

둘째, 심한 열등감 때문에 마음속 깊은 곳에 의심이 도사리고 있었고 그래서 늘 경계심으로 똘똘 뭉쳐 있었다. 자신의 이익을 지키기 위해서라면 수단과 방법을 가리지 않고 다른 이에게 위해를 가했으며 그런 행동에 대해 일말의 가책도 느끼지 않았다. 『삼국지』에 인용된 『세어世語』는 다음과 같이 전한다. "태조(조조)가 여백사呂伯奢의 집을 지나게 되었다. 여백사는 집에 없고 다섯 아들이 있었는데, 그들은 예를 갖추어 태조를 대했다. 태조는 자신이 동탁東卓의 명령을 배신한 일 때문에 (수배자가 되어) 그들이 자신을 해치지 않을까 의심하고 밤에 칼로 8명을 죽이고 떠나갔다. 잠시 뒤 조조는 슬퍼하며 '내가 남을 저버릴지언정 남이 나를 배신하게 할 수는 없다'라고 말하고 떠나갔다." 이 한마디 말에서 조조가 얼마나 잔인하고 의심이 많은지를 분명히 알 수 있다.

조조는 조맹덕曹孟德과 조아만曹阿瞞이라는 두 사람의 인격을 지녔다. 낙천적이고 너그러운 조조는 조맹덕이며, 의심이 많은 조조는 조아만이다. 정신분석이론으로 보면 조조는 자아가 너무 강해서 언

제든지 자아 표현 방식을 달리할 수 있었던 것이다. 샤먼厦門대학의
이중톈易中天 교수는 조조를 이렇게 평했다. "조조는 도량이 크고 신
중하며, 너그럽고 호탕하다. 또한 소탈하고 유머러스하며, 민첩하면
서도 원만하다. 반면 교활하고 간사하며, 냉혹하고 잔인하기도 하
다. 그야말로 극도로 다면적이고 개성이 넘치며 드라마틱한 인물이
다."

낙천성을 기르는 열 가지 방법

1. 많이 웃어라. 웃으면 폐가 확장되어 혈액 순환을 돕는다.

2. 잊어버려라. 이미 지나간 일은 최대한 머릿속에서 지워버려라.

3. 유머를 배워라. 즐거움을 발견하려고 노력한다면 생활에서 맞닥뜨리는 불쾌함과 고민도 여유롭게 대처할 수 있다.

4. 자신감을 키워라. 생활 속에서 자신감을 키우고 성공을 계속 경험하라.

5. 사교성을 길러라. 인간관계를 넓히면 자신의 괴로움과 즐거움을 많은 사람과 더 많이 나눌 수 있다.

6. 운동량을 늘려라. 여가활동이나 스포츠는 걱정을 해소할 수 있는 또 다른 방법이다.

7. 롤모델을 찾아라. 생활 속 '낙관의 달인'을 본보기로 삼아 자신을 변화시켜라.

8. 옛 선인을 만나라. 동서고금의 '낙관의 고수'를 찾아 그들의 전기를 읽고 자신을 변화시켜라.

9. 취미를 즐겨라. 다양한 취미 생활은 삶의 활력을 더한다.

10. 대응 능력을 키워라. 대처 기술을 익혀서 각각의 문제에 걸맞은 방식으로 대응하라.

제16장

조구
성적 열패감이
자아를 망가뜨리는 과정

조구는 강력한 적이었던 금나라에는 감히 대적하지 못하면서 적과 맞
서 싸운 영웅은 제거했다. 이는 자신의 신체적 결함에 대한 보상 심리
에 따른 것으로 해석할 수 있다. 만약 현대적인 심리치료를 받았다면
조구와 남송의 운명은 어떻게 되었을까?

조구趙構(1107~1187)는 남송을 세운 황제로 송나라 고종高
宗이다. 북송의 황제인 휘종徽宗의 아홉 번째 아들이자 흠종欽宗의
동생이다. 정강靖康 2년(1127)에 금나라 군대가 휘종과 흠종을 포로
로 끌고간 후 조구는 남경南京 응천부應天府(지금의 허난성 상추商丘)에
서 즉위하여 연호를 건염建炎으로 바꿨다. 그 뒤 수도를 임안臨安(지
금의 저장浙江성 항저우杭州)으로 옮기고 남송을 세웠다. 통치 초기에
는 어쩔 수 없이 악비岳飛와 한세충韓世忠 등의 대장군을 앞세워 금
나라에 저항했지만 얼마 지나지 않아 금나라와의 화친을 주장한 진
회秦檜를 중용했다. 후에 토지 분할, 조공 납부, 신하 자처 등 굴욕적
인 조건을 내걸고 금나라에 항복하고 화친을 요청했으며 한세충 등

대장군 세 명의 군권을 몰수하고 악비를 죽였다. 36년간 황위에 있은 후 양자 조신趙愼(효종孝宗)에게 황위를 넘겨주었지만 태상황太上皇이라는 이름으로 20여 년이나 조정을 쥐고 흔들었다. 그 결과 남송은 변방의 작은 나라에 머물 수밖에 없었다.

사실 조구는 젊은 시절 포부가 아주 컸고 금나라에 강력하게 저항했던 친왕親王(황제의 아들)이었다. 그런데 황제가 된 후 나약한 군주로 돌변해버렸다. 어떤 심리적 원인 때문에 조구가 완전히 돌변했을까? 또 그는 왜 악비를 죽였을까?

결연히 금나라에 저항하던 젊은이가
눈앞의 안일만을 좇게 되다

조구는 북송 대관大觀 원년(1107)에 휘종의 아홉 번째 아들로 태어나 강왕康王에 책봉됐다. 친모인 위韋씨 부인은 지위가 낮은 후궁이었는데 휘종의 총애를 받지 못했다. 조구는 원래 황위와는 인연이 없었지만 정강의 변(중국 북송北宋의 정강靖康연간(1126~1127)으로 수도 개봉開封이 금나라 군대의 공격을 받아 함락되고 북송이 멸망하게 된 사건)으로 송나라 황실의 조씨 일가가 금나라 군대에 포로로 잡혀가는 바람에 조구만 홀로 남아 송나라 중흥이라는 짐을 짊어지게 되었다.

젊은 시절 조구는 문과 무에 두루 능했다.『송사宋史』「고종본기高

宗本紀」에는 "(조구는) 성격이 밝고 학식이 뛰어나며 기억력이 좋아서 책을 읽고 하루에 천여 문장을 외웠다. 활을 쏘면 바위가 다섯 조각으로 부서졌다"라고 기록되어 있다. 정강 원년 1월에 금나라 군대가 개봉성을 공격했다. 송나라 흠종이 금나라에 화친을 요청하자 금나라는 태원太原, 중산中山, 하간河間 세 현을 넘겨줄 것과 친왕만은 혼자 남을 것을 요구했다. 친왕을 인질로 잡겠다는 의미였다. 그래서 흠종은 사신을 구한다는 조칙을 발표했지만 조구는 기지를 발휘해 자신이 직접 금나라로 갈 것을 자처했다. 조구가 금나라 군영에서 지나치게 여유로운 모습을 보이자 금나라는 조구의 신분을 의심하여 송나라에 인질을 숙왕肅王으로 바꿀 것을 요구했다. 이렇게 해서 조구는 간신히 풀려나게 되었다. 그 후 조구는 다시 북쪽으로 가서 금나라와 담판을 벌였다. 담판에 성공하지는 못했지만 어려운 시기에 하북河北 병마대원사兵馬大元師 등의 직책을 맡아 금나라에 조직적으로 저항했다. 정강 2년 송나라가 멸망할 위기에 처했을 때 응천부에서 제위에 올랐다. 황제가 된 후 얼마 동안 금나라에 맞설 것을 주장하는 주전파主戰派의 이강李綱을 재상으로, 종택宗澤을 개봉 주둔 관리로 임명하여 군대와 백성을 동원해 나라 전체가 금나라에 맞섰다. 이때 조구는 중원을 수복하려는 열망으로 가득 차서 악비를 비롯한 주전파 장군을 독려했다. 악비에게는 친히 '정충악비精忠岳飛(순수한 충성심을 지닌 악비)'라는 글을 하사하여 국가 중흥이라는 대업을 맡겼다.

그 후 몇 년 동안 금나라 군대가 번번이 남쪽으로 쳐들어와 조구는 할 수 없이 동남부 연해를 전전해야 했고 심지어 해안으로 피난 가야 하는 처지가 되기도 했다. 그러다 결국 임안(지금의 항저우)으로 도읍을 옮겼다. 하지만 조구는 황제의 자리가 안정될수록 금나라를 호랑이처럼 두려워했고 황위를 지키는 데만 급급하게 되었다. 장준張浚이 건강建康으로 도읍을 옮겨 점진적으로 국가의 중흥을 도모하자고 건의했으나 조구는 받아들이지 않았다. 또한 종택이 강을 건너 북쪽을 공격하자고 주장했지만 물리쳤다. 오히려 금나라에 투항하자고 주장하는 황잠선黃潛善, 왕백언汪伯彦 등을 등용하고 송나라 군대의 방어선을 황하黃河 일대에서 남쪽의 회하淮河로 후퇴시켰다. 이에 금나라 군대는 손쉽게 황하를 건넜고 3개월도 채 안 돼 서쪽의 진주秦州에서 동쪽의 청주靑州에 이르는 넓은 지역을 점령했다. 악비와 한세충 등의 장수가 금나라 군대의 공격을 막아내고 내란을 진압하여 나라를 안정시킨 후에도 조구는 나라를 회복하려 하지 않았고 현 상태에 안주하고 말았다. 이런 상황에서 진회 등이 내세운 투항 주장과 그에 따른 노선은 조구의 입맛에 딱 맞았다. 당시 송나라 군대는 연전연승하는 등 우위를 점하고 있었지만 조구는 오히려 금나라에 화친을 요구했고 악비 등에게 군대를 철수하고 병권을 내놓을 것을 명령했다. 1141년에 조구는 자멸하는 길인 줄 알면서도 진회가 악비를 비롯한 항전파 장군들에게 있지도 않은 죄명을 씌어 처형하는 것을 비준했다. 또 금나라와 굴욕적인 내용이 담긴

'소흥화의紹興和議'를 맺어 송나라는 금나라에게 신하의 나라로서 토지를 할양하고 매년 조공을 바칠 것을 승인했다. 이때 조구는 이미 예전의 기상을 잃은 뒤였다. 남송의 시인인 임승林升은 『제임안저題臨安邸』라는 제목의 시를 지어 당시 통치자였던 조구를 다음과 같이 풍자했다. "산 너머 청산이요. 누각 건너 누각인데 서호西湖(임안의 유명한 호수)에서 들려오는 가무는 언제 그치려나. 불어오는 따스한 바람에 노니는 사람들 취했으니 임안이 깨지는 날에는 변주汴州(북송의 수도) 꼴이 되리라"

인격 장애의 원인은 생리적 성 불능

금나라에 맞서 싸우자던 조구가 이렇게 비굴해지고 안일함만을 좇게 된 이유는 무엇일까? 장부의 기상은 다 어디로 갔을까? 조구의 이런 변화에 성 불능이 어느 정도 영향을 미쳤다. 조구는 젊은 시절 아들과 딸 한 명씩을 낳은 뒤 성 불능으로 더 이상 아이를 낳을 수 없게 되었다. 『송사』에 따르면 건염 3년 초에 고종(조구)은 양주로 피난을 떠났다. 2월에 금나라 군대가 양주로 쳐들어와 송나라 군대를 격파하며 선봉 부대가 양주성에서 몇십 리 앞까지 치고 들어왔다. 고종은 황망히 수행원 몇 명만을 데리고 말에 올라 급히 성을 빠져나갔다. 매서운 추위를 느낄 새도 없이 황급히 과주瓜州에서 강을 건너 도주하다가 송나라 태조太祖의 위패마저 잃어버렸다. 역사서의 기록과 의학 상식에 비춰보면 고종은 이때 너무 깜짝 놀란 나머지 생식 능력을 잃었다고 한다.

현대 의학에서는 남성의 성 불능 원인을 선천성과 후천성으로 분류한다. 조구는 심리적인 원인에서 오는 후천적인 성 불능이었지만 선천성 성 불능만큼이나 증세가 심각했다. 성 심리학을 창시한 헨리 엘리스Henry Havelock Ellis(1859~1939)는 정상적인 남성이 오랫동안 성 능력을 잃으면 심각한 열등감에 빠지고 나아가 성적으로 자신이나 남을 학대함으로써 성적 열패감을 분출하려 한다고 지적했다. 자존심은 인간의 기본적인 필요 중 하나다. 심리학에서는 남성이 자신이 성 불능이라는 사실을 알고 배우자를 학대하거나 다른 기형적 방식으로 내적 약점을 감춘 채 강함을 드러내려 하는 것을 '보상 작용'이라고 한다. 한 나라의 왕이었던 조구는 성 불능이 된 후부터 많은 후궁을 들였다. 특히 말년에는 스물 안팎의 꽃다운 나이의 소녀를 첩으로 들였는데 이 역시 성적 능력을 잃은 후 뒤틀린 심사를 표출하는 하나의 방식이었다.

악비는 원래 천재적인 군사 전문가로 남송이라는 나라를 위해 하늘에서 보낸 구세주와 같은 존재이자 송나라가 중흥할 수 있는 희망이었다. 그러나 통치자인 조구에게 필요한 사람은 무예가 뛰어난 장군이 아니라 말 잘 듣는 충복이었기 때문에 재능이 뛰어나고 성격이 강직한 악비는 받아들여질 수 없었다. 악비가 이끄는 군대(악가군岳家軍)가 적의 요충지인 황룡부黃龍府를 공격하여 휘종과 흠종을 구해냈더라면 고종은 어떻게 됐을까? 악비가 실제로 금나라를 멸망시키고 높은 공을 세워 권력을 차지하려 했다면 군사를 앞세워 역모를 꾀하지 않았을까? 조구 역시 이해타산을 따져보지 않았을 리 없다. 속으로 이것저것 따져본 후 금나라와의 화친이 가장 안전하다고 생각했을 것이다. 아무리 좁은 땅덩어리를 가진 나라에 만족해야 하고 엄청난 재물을 조공으로 바친들 무슨 대수겠는가? 아버지와 형이 황제 자리를 위협하러 올 수 없고 막강한 군대를 소유한 신하가 없으니 천하가 이렇게 태평한 것을. 조구는 악비를 죽이고 금나라에 화친의 성의를 표함으로써 진회와 한편이 되었다.

이러한 정치적 원인을 논외로 치더라도 조구가 악비를 죽인 것은 그를 시기했기 때문이라는 또 다른 이유가 있었다. 물론 조구는 악비를 시기했음에도 무의식적으로 인정하려 들지 않았다. 조구는 성불능으로 어느 정도 남성성을 잃어 환관과 마찬가지 신세가 되었다. 심리적으로 열등감, 예민함, 투정, 표독스러움, 여성화 등의 특징을 드러내면서 환관화된 것이다. 정반대로 악비는 전장에서 혁혁한 공을 세워 나라의 영웅으로 떠올랐다. 이와 같은 천양지차는 조구를 불쾌하게 만들었다. 이런 상황을 고려하면 진회가 악비를 죽이도록 허락한 것이 그의 비뚤어진 심리와 관련이 있지 않을까 의심할 수밖에 없다.

성 불능에 대한 보상 심리 분석

송나라 고종의 성격이 변하게 된 심리적 요인은 성 불능에서 오는 열등감에서 찾아볼 수 있다. 열등감inferiority complex이란 자신을 너무 낮게 평가하는 것을 말한다. 심리학자인 아들러의 이론에 따르면 열등감은 한 사람의 심리 발달에 커다란 영향을 미친다. 아들러는 모든 사람에게는 선천적으로 신체적 혹은 심리적 결핍이 있고, 그러한 결핍 때문에 무의식 중 열등감을 갖게 된다고 보았다. 열등감을 해결하는 방식이 그의 행동 패턴에 영향을 미치며 열등감을 제대로 해소하지 못하면 다양한 정신 병리 현상이 발생한다.

열등감에 시달리는 사람은 대개 자존심이 강한데, 이런 사람은 실패하거나 뒤처진 현실과 충돌하게 마련이다. 자존심과 현실 간의 갈등을 오랫동안 해소하지 못하고 자존심을 만족시키지 못하면 점차 열등감으로 변해간다. 열등감은 여러 가지 형태로 나타나는데, 그중 지나치게 강한 승부욕을 드러내거나 혹은 위축되는 모습이 가장 두드러진 형태다. 조구는 이 두 가지 증세를 뚜렷하게 보였다. 강력한 적이었던 금나라와는 감히 맞서지 못하고 비굴하게 신하를 자처하면서 조공까지 바쳤지만 자신이 차지한 작은 영토 안에서는 어질고 재능 있는 인재를 시기하여 금나라에 맞서 싸우면서 나라를 지킨 영웅을 제거했다.

조구의 예를 통해 성 불능이 인격 장애로까지 변질되는 심리적 과정을 분명히 볼 수 있다. 성 불능은 열등감을 낳았으며, 열등감은 성격을 모나게 했다. 결국 조구의 비뚤어진 성격으로 말미암아 남송은 멸망하기에 이르렀다. 조구가 신체적 결함 때문에 열등감에 빠진 것은 부분으로 전체를 판단하는, 즉 성 불능이라는 한 가지 결함 때문에 자신의 존재를 부정해버리는 잘못된 자기 인식 때문이었다. 만일 조구가 현대적인 심리치료를 받았더라면 남송의 운명은 달라졌을지도 모른다.

보상 작용

넓은 의미의 보상은 성공으로 기존의 실패를 메우려는 행동이거나 기존의 부족함을 메워 완벽을 추구하고자 하는 행위이다. 보다 구체적으로 말하자면 보상은 신체적인 장애나 정신적인 고통 때문에 남보다 못하다는 열등감에 사로잡힌 사람이 다른 부분에서 장점을 찾음으로써 강해지려는 노력으로, 부분적인 결함을 보완하고자 하는 것이다. 오스트리아의 정신의학자인 아들러는 사람이 유년시절 무능함 때문에 느꼈던 열등감은 권력과 우월함을 추구하게 한다고 말했다. 보상 작용은 인격의 발전에 매우 긍정적인 영향을 미치지만 지나친 보상 심리는 성격을 왜곡시킨다.

제17장

노벨
반쪽짜리 사랑의 아이러니

노벨의 연애는 그야말로 쓰라림의 연속이었다. 사랑이 이루어지지 않은 것이 표면적으로는 운이 따르지 않은 탓으로 보이지만 본질적으로는 노벨이 사랑에 대해 깊은 열등감을 느꼈기 때문이었다. 사랑의 아이러니라 할 만하다.

노벨Alfred Bernhard Nobel(1833~1896)은 스웨덴의 저명한 화학자이자 기업가로 니트로글리세린 폭약을 발명한 사람이다. 그는 스웨덴의 스톡홀름에서 태어났고 평생 폭약 연구에 매진하여 니트로글리세린과 관련한 연구에서 중요한 성과를 거두었다. 노벨은 이론 연구에 그치지 않고 그것의 상업화에도 심혈을 기울였다. 평생 598가지 기술을 발명하여 특허를 취득했고 세계 여러 나라에 100여 개의 회사와 공장을 세워 엄청난 부를 일궈 냈다. 하지만 노벨에게는 아내와 자식이 없었고 친형제마저 일찍 세상을 떠나고 말았다. 노벨은 죽기 1년 전 유언을 남겼는데, 유산의 일부로 기금을 조성하되 리스크가 적은 분야에 투자하여 매년 벌어들인 이윤과 이자를 그 전해에 인류를 위해 탁월한 공헌을 한 사람에게 상금으로 주라는 내용이었다. 그의 유언에 따라 1901년에 전 세계인을 대상으로 하는 노벨상이 만들어졌다.

노벨은 사업에서는 큰 성공을 거둬 이름을 날렸지만 연애에서는 번번이 실패했다. 그래서 늘 혼자였다. 노벨은 평생 4명의 여인을 사랑했지만 여러 가지 이유로 사랑을 이루지 못하고 결국 마음의 문을 닫아버렸다. 그러고는 연애와 결별하고 대신 모든 정력을 과학에 바치겠다고 결심했다. 노벨은 사업에서 큰 성공을 거둔 반면 왜 사랑에는 매번 실패했을까? 노벨도 여자의 사랑을 얻기 위해 자신을 변화시킬 생각을 한 적이 있었을 것이다.

잇따른 연애 실패

막 이성에 눈뜨게 된 젊은 시절, 노벨은 약국에서 일하는 한 스웨덴 아가씨와 뜨거운 사랑에 빠졌다. 하지만 두 사람이 함께할 미래를 꿈꾸고 있을 때 그녀는 병으로 세상을 떠났고 노벨은 연인의 갑작스러운 죽음으로 영원히 지울 수 없는 큰 상처를 받았다. 그 후 노벨은 파리에서 우연히 만난 한 프랑스 여인에게 마음을 빼앗기고 사랑에 빠졌다. 당시 노벨의 외모는 볼품없었고 행동은 바보 같았으며 장래는 불투명했기에 의기소침해 있었다. 그래서 누군가가 그런 자신을 얕볼까봐 안절부절못했다. 하지만 그 여인은 그런 자신을 깔

보기는커녕 미래에 대해 자신감을 갖도록 거듭 응원했다. 노벨은 그녀의 격려 속에 자신감을 되찾고 그녀에게 사랑을 느끼게 되었다. 그 후 둘은 서너 차례 데이트를 했고 그때마다 노벨은 매우 행복해했다. 그러나 얼마 지나지 않아 그 여인은 연락을 끊고 노벨과 헤어지려했다. 그는 또다시 큰 상처를 받았다.

20여 년 후 노벨은 폭약을 발명하여 온 세상에 이름을 떨쳤다. 그는 친구들의 권유에 용기를 얻어 함축적인 내용의 광고를 냈다. "매우 부자이면서 고등 교육을 받은 중년 남성이 중년 여성을 찾습니다. 다양한 외국어를 구사할 수 있고 비서 업무를 잘 소화할 수 있으며 가사노동까지 맡아 주실 분이면 좋겠습니다."

얼마 후 베르타 킨스키라는 오스트리아 여성이 편지를 보내왔다. 킨스키는 고용된 후에 훌륭한 성품과 능수능란한 일 처리로 노벨에게 깊은 인상을 주었다. 하지만 노벨이 킨스키에게 사랑을 느낄 무렵 킨스키는 아무 말도 없이 그의 곁을 떠났고 서둘러 결혼해버렸다. 그는 이 일로 또 한 번 자존심을 크게 다쳤고 여성과 함께하고자 하는 꿈을 거의 포기하기에 이르렀다.

2년 후, 노벨은 오스트리아의 바덴 요양원에서 자신보다 배나 어린 소피 헤스를 만났다. 소피는 빈의 평범한 가정에서 태어났지만 계모의 구박에 못 이겨 집을 뛰쳐나온 상태였다. 노벨은 소피에게 끌려 사랑에 빠졌고 근 20년을 함께했다. 그러나 노벨은 단란하고 안락한 가정을 꿈꾼 반면 소피는 삶을 즐기려고 했다. 노벨은 소피의 생각을 돌리려 온갖 노력을 해보았지만 소피는 이 모든 것을 견디지 못하고 결국 헝가리 출신의 기수와 결혼해 버렸다. 소피는 노벨을 떠나면서 거액을 받아 챙겼다. 결혼하고 얼마 뒤 그 기수는 몰래 도망쳤고 소피는 혼자 남아 딸을 낳았다. 노벨은 이 소식을 듣고 유언장에 특별히 소피가 생계를 유지하고 딸을 잘 키울 수 있도록 매년 50만 크로나를 지급하라고 언급했다. 소피와의 관계에서 노벨을 더 비참하게 만든 것은 소피가 예전부터 '노벨의 부인'이라고 사칭하면서 노벨 추종자와 놀아났다는 사실이다. 노벨이 아무리 말려도 소용이 없었다. 이런 일을 겪으면서 노벨은 사랑에 대한 마지막 희망의 끈마저 놓아버렸고 우울증에 시달리기까지 했다. 실연의 고통에 빠져있던 노벨은 이런 시를 남겼다. "모든 사람이 누리는 즐거움을 나는 더 이상 누리지 않으리. 아름다운 여인의 사랑도, 사랑의 눈물도 더 이상 나의 마음을 움직일 수 없네."

노벨의 사랑에 대한 열등감 분석

노벨의 연애는 그야말로 쓰라림의 연속이었다. 사랑이 이루어지지 않은 것이 표면적으로는 운이 따르지 않은 탓으로 보이지만 본질적으로는 노벨이 사랑에 대해 깊은 열등감을 느꼈기 때문이었다. 그는 줄곧 자신이 너무 못생기고 매력이 없다고 생각했다. 때문에 용감하게 진정한 사랑을 쟁취하지 못하고 여자가 하자는 대로만 끌려

다녔다.

　열등감이라는 정서는 프로이트의 수제자였던 아들러가 제일 먼저 제시한 개념으로 자신의 가치와 능력, 성취를 부정적으로 평가하는 경향을 가리킨다. 열등감에 휩싸인 사람은 늘 자신의 부정적인 측면에만 집착하여 자기 연민과 자기 한탄에 빠지고 자신이 남보다 못하다고 탄식한다. 아들러는 한발 더 나아가 열등감을 극복하는 데서 성장이 시작된다고 지적했다.

　하지만 여기서 주의해야 할 것은 '자기 비하'와 '열등감'은 엄연히 다른 개념이라는 것이다. 전자가 자신의 어떤 부분을 부정하고 그 부분에 대해 자신감이 부족한 것을 의미하는 반면 후자는 자신을 전면적으로 부정함으로써 자신감 부족을 드러내는 것을 의미한다. 누구나 외모가 아름답지 못해서, 키가 크지 못해서, 공부를 잘하지 못해서, 일을 잘 못해서 등등의 이유로 자신을 싫어할 수 있다. 이것은 자기 비하의 범주에 속한다. 하지만 다른 사람 눈에는 훌륭하게 보이는 부분까지 포함해서 자신의 모든 면을 싫어한다면 그것이 바로 열등감이다.

　자신이 하는 사랑의 가치와 능력, 결과를 부정적으로 평가하는 모습이야말로 사랑에 대한 열등감의 표현이다. 사랑에 대한 열등감은 사랑의 과정만 중시하고 결과는 신경 쓰지 않게 만들며 일방적으로 희생만 하려고 할 뿐 상대방에게 어떤 것도 바라지 않게 된다. 사랑받는다는 느낌 따위는 아예 기대하지도 않은 채 연애 과정에서 형성되는 불평등한 연인 관계를 당연하게 받아들인다. 그래서 서로 미친 듯이 사랑하고도 바라는 것이 겨우 사랑한다는 한마디뿐인 경우가 발생한다. 한마디로 열등감은 사랑을 비하하고, 사랑의 비하는 맹목적인 사랑과 잘못된 이해를 낳는다.

노벨의 연애 경험을 보면, 그는 첫 번째 연인의 죽음으로 사랑에 대한 기대를 잃었다. 두 번째 연인이 떠남으로써 사랑에 대한 열등감이 싹텄고, 세 번째 연인이 아무 말도 없이 떠난 후 열등감은 더욱 심해졌다. 그리고 네 번째 연인의 배신으로 사랑에 대한 믿음을 완전히 버렸다. 다시 말해 노벨은 여러 차례 연애의 실패로 사랑에 대한 열등감을 키웠을 뿐 아니라 자신을 일부러 잘못된 연애의 늪으로 빠뜨렸다. 자신을 그릇된 사랑으로 몰아붙이는 사람은 대개 힘겹고 지치는 사랑을 한다. 또 원칙도, 자신감도 없는 사랑을 하는 등의 특징을 보인다. 노벨에게 있어 네 번에 걸친 연애 중 두 사람의 진심이 맞닿은 사랑은 첫사랑밖에 없었고 나머지 세 번은 짝사랑이었거나 일방적인 사랑이었다. 그래서 하나같이 노벨에게 깊은 상처만 남긴 채 끝이 났다. 만약 노벨이 열등감을 극복하고 '난 못생겼지만 다정해'와 같이 긍정적인 태도로 사랑했다면 틀림없이 성공했을 것이다.

사랑에 대한 열등감이 한 사람을 망치다

우리는 노벨의 연이은 실연을 통해 일방적인 사랑은 짝사랑으로 끝날 수밖에 없음을 알 수 있다. 사랑이 성공하려면 두 사람이 함께해야 한다. 두 사람이 서로 진심으로 사랑하지 않는다면 일방적인 사랑은 머지않아 자기 연민과 자기 한탄으로 변질되고 만다. 다시 말해 사랑한다는 느낌이 사랑받는 느낌보다 오랫동안 지속되거나 혹은 훨씬 크다면 그것은 이미 무의미하거나 혹은 황당한 사랑이라 할 수 있다.

노벨의 연이은 실연은 우리에게 오랫동안 지속된 일방적인 사랑은 결국 애증으로 변질될 수밖에 없음을 가르쳐준다. 오랜 시간 사랑을 추구했는데도 이루지 못하고 그렇다고 포기하지도 못한 채 원망하면서 연연해한다면 사람을 완전히 망쳐 놓기에 충분할 것이다. 자신뿐 아니라 다른 사람에게도 무기력, 초조, 증오, 분노와 같은 부정적인 마음을 품을 수밖에 없고 이런 부정적인 감정이 얽히고설켜 결국 애증으로 이어진다. 애증은 사랑과 미움이 뒤섞여 서로 싸우는 감정으로 일방적인 사랑을 품고 혼자만 사서 고생하는 감정의 상태를 말한다. 사랑이 애증으로 변질되는 것은 사실 열등감 때문이다. 사랑에서 애증이 큰 비중을 차지하게 되면 공허한 기다림 속에서 고통에 무감각해지고 눈물을 흘리면서도 슬픔에 무감각해지는 상태에 빠지게 된다. 한 사람이 사랑 때문에 이렇게 무너져버리는 것이다.

결론적으로 말하면 사랑이란 건 원래 사람의 마음을 촉촉이 적시고 기쁨을 맛보게 하며 자존감과 자존심을 고취시켜주는 것인데, 사랑 때문에 오히려 열등감에 빠진다면 그것은 더 이상 사랑이 아닌 셈이다. 이는 사랑의 아이러니라고 할 수밖에 없다.

아들러가 말하는 열등감

열등감은 심리학자인 아들러가 『개인심리학』이라는 저서에서 중점적으로 제시한 개념으로, 일관되게 자신을 낮게 평가하는 것을 의미한다. 아들러의 이론에 따르면 열등감은 한 사람의 심리 발달에 지대한 영향을 미친다. 누구나 선천적으로 신체적 혹은 심리적 결함이 있게 마련이며 무의식적으로 열등감을 갖게 된다. 열등감을 표출하는 방식은 행동 패턴에 영향을 미치며, 열등감을 제대로 해결하지 못했을 때 무수한 정신 병리 현상이 생겨난다. 아들러는 '우월성' 추구가 바로 열등감에서 비롯되며 열등감은 유년 시절에 느꼈던 무력함에서 비롯된다고 했다. 아동이 열등감에 저항하는 것을 '보상 작용'이라 하는데 보상 작용은 높은 목표를 추구하게 하는 기본 동력이다. 에릭슨Erik Homburger Erikson이 주장한 인간 발달 단계 이론에 따르면 여섯 살에서 열한 살까지는 한 사람이 근면 성실하고 진취적인 사람으로 성장하느냐, 열등감과 자포자기에 휩싸이는 사람으로 성장하느냐 등을 결정짓는 중요한 단계라고 한다.

제18장

스탈린
자아효능감과 강철 의지의 상관관계

성공을 거둔 소수의 사람이 자신의 목표를 끝까지 밀어붙일 수 있었던 것은 목표를 실현하겠다는 '자아효능감'이 다른 사람보다 훨씬 컸기 때문이다. 그들은 스스로 목표를 이룰 능력이 있다고 믿었다.

스탈린Iosif Vissarionovich Stalin(1879~1953)은 그루지야 출신으로 소련 공산당과 소련 정부의 주요 지도자였다. 마르크스주의자였으며 국제 공산주의 운동의 활동가이자 정치가, 군인이었다. 스탈린이 창설한 소련식 사회주의 발전 모델은 20세기 전 세계에 엄청난 영향을 끼쳤다. 스탈린은 1894년부터 혁명에 참여했고 1924년 1월 레닌이 죽자 당과 정부의 최고 지도자가 되었다. 스탈린은 소련 인민을 지도하여 경제 건설과 반反파시스트 전쟁을 승리로 이끌었으며 미국과 소련이 패권을 두고 양립하는 양극 체제의 기반을 마련하여 역사적 입지를 굳건히 다졌다. 그러나 스탈린은 평생 지나치게 독단적이고 폭력적인 일 처리와 광범위한 숙청으로 소련과 국제 공산주의 운동에 막대한 피해를 입히는 등 수많은 잘못을 저질렀다.

1941년 6월, 나치 독일은 소련을 침공하고자 '바바로사 작전'을 전격적으로 수행했다. 같은 해 11월에 독일군의 선봉 부대는 크렘린 궁전의 첨탑이 보일 정도로 수도 모스크바 교외까지 치고 올라왔다. 소련 전체가 방어전의 소용돌이에 휩싸였다. 그러나 가장 처참하고 위험한 이 시기에 소련 최고 지도자인 스탈린은 모스크바를 지켜냈고 11월 7일에는 붉은 광장에서 군대 사열식을 거행하여 소련 군대와 민중의 사기를 북돋았다. 그는 결국 독일과의 전쟁에서 승리하여 모스크바를 지켜냈다.

생사가 걸린 위기의 순간에 스탈린은 강철과도 같은 투지로 모스크바와 소련을 구해낸 것이다. 절체절명의 상황에서 스탈린은 어떻게 냉정을 유지하고 강철 같은 의지를 발휘할 수 있었던 것일까?

위기에 빠진 모스크바

제2차 세계대전이 발발하기 전날 밤, 서방 국가들은 소련을 고립시켰고 영국과 프랑스 등은 독일을 끌어들여 소련에 맞서고자 했다. 소련은 자국의 안보를 지키고 전쟁에 휘말리지 않기 위해 1939년에 독일과 독소 불가침조약을 체결했고, 그 후 소련 정부는 독일에 대한 경계를 늦췄다. 하지만 1941년 6월 22일 새벽, 독일군은 소련 침공을 위한 군사행동을 개시했다. 스탈린이 정세를 잘못 판단했기 때문에 소련군은 전투태세를 제대로 갖추지 못한 상태였다. 전쟁 초기에 소련군의 방어선은 독일군 기계화 부대의 전격 작전 앞에서 맥없이 무너졌다. 히틀러는 '태풍'이라는 작전명을 세워 10월 12일 한 방에 모스크바를 공략하려 했다. 모스크바를 최대한 빨리 함락하기 위해 독일군은 탱크 1700대, 전투기 1390대, 대포와 박격포 1만 4000문으로 무장한 74개 사단, 180만 명의 최정예 부대를 선발했다. 소련군은 사단이 총 95개나 되었지만 병력은 독일에 비해 초라했다. 병사 125만 명, 탱크 990대, 전투기 677대, 대포와 박격포 7600대에 불과했다.

이처럼 현저한 군사력 차이 때문에 헨리 스팀슨Henry Louis Stimson 미 육군 장관은 "독일군은 최소 1달에서 최대 3달 내에 소련군을 격파하고 소련을 점령할 것이다"라고 내다봤다. 영국 참모부는 "모스크바는 2주에서 6주 내로 점령당할 것이다" "독일군은 러시아를 단칼로 베듯 갈라놓을 것이다"라고 단언했다. 히틀러는 광기와 희열에 휩싸였고 "설사 모스크바가 항복한다 해도 받아주지 않겠다"고 득의양양하게 말하면서 모스크바의 붉은 광장에서 독일군을 사열하겠노라 큰 소리 쳤다.

독일군은 계획대로 10월 12일에 모스크바를 공격하지는 못했지만 1941년 11월 선봉부대가 모스크바 시 외곽에까지 진격하여 크렘린 궁의 나선형 첨탑이 보일 정도까지 치고 올라왔다. 이에 소련의 정부 기구 일부와 외교 사절단은 이미 모스크바에서 철수했다. 하지만 스탈린은 모스크바에 남아 소비에트 정권의 생사가 걸린 중요한 전투를 일선에서 직접 지휘했고 11월 7일에는 소련군 사열식을 거행해 '붉은 군대'의 투지에 불을 붙였다.

스탈린은 게오르기 주코프Georgii Konstantinovich Zhukov 대장에게 자신이 군대를 사열할 동안 모스크바가 공습을 당하지 않도록 지킬 것을 명령했다. 동시에 매체 담당 부문은 사열식 현장을 담아 되도록 빨리 복사해 전국 각지에 상영하도록 지시했다. 사열식 당일에 스탈린은 정치국 구성원을 이끌고 참석해서 전 소련 국민이 나라를 지키는 전쟁에 적극적으로 참여할 것을 호소하는 연설을 했다. 스탈린의 연설은 소련군의 사기를 최고로 끌어올렸고 사열을 받은 부대는 붉은 광장에서 즉시 전쟁터로 달려갔다. 이로써 스탈린은 소련군이 전력에서는 열세에 처해 있는 상황이었지만 심리전에서는 히틀러를 압도했다.

독일군의 진격을 몇 차례 막아낸 후 1941년 12월 6일, 스탈린은 반격 명령을 내렸고 소련군은 병력을 모아 적이 방심한 틈을 타서 맹렬하게 공격을 감행했다. 한겨울에 수개월을 악전고투하는 바람에 독일군은 군수품 보급이 제대로 이루어지지 않았고 사병들은 지칠 대로 지친 상태였다. 이처럼 독일군은 전쟁을 계속할 아무런 힘이 남아 있지 않은 상태에서 소련군에 밀려 며칠 만에 150~280킬로미터나 후퇴했다. 히틀러는 격분한 나머지 육군 총사령관의 지위를 해제하고 전선 지휘관인 페도르 폰 보크Fedor Von Bock 원수와 하인츠 구데리안Heinz Wilhelm Guderian 장군의 직무를 해제했다. 그러나 이러한 조치도 이미 패배로 기운 독일군의 기세를 돌이킬 수는 없었다. 나치 독일이 모스크바를 포위하자 스탈린은 승리의 여세를 몰아 전면 공격에 나섰다. 소련군이 모스크바 방어전에서 승리함으로써 불패 신화가 깨지자 기고만장했던 독일군의 분위기는 완전히 꺾여버렸다. 독일군은 피해가 막대했고 공격할 여력이 전혀 남아 있지 않게 되었다. 독일군 프란츠 할더Franz Ritter Halder 육군 참모장은 "독일군의 불패 신화는 이미 깨졌다"며 탄식할 수밖에 없었다.

잘 단련된 강철 같은 의지

중국에서 스탈린은 그의 이름을 모르는 사람이 없을 정도로 익숙한 인물이다. 스탈린은 이미 한 시대의 상징으로 역사에 기록되었다. 그러나 '스탈린'이라는 이름이 34세 때 지어졌다는 사실을 아는 사람은 많지 않다. 스탈린은 그의 생애에서 두 개의 이름을 직접 지었는데, 하나는 혁명가들 사이에서 유행했던 '커바koba'라는 이름이었고, 나머지 하나가 바로 훗날 전 세계를 떠들썩하게 한 '스탈린'이라는 이름이다. 러시아어에서 스탈린이라는 단어는 '강철'이라는 뜻으로 스탈린의 강철 같은 성격을 잘 드러낸다. 커바라는 이름 역시 '굴하지 않는 사람' '무자비한 사람'이라는 뜻으로 스탈린의 성격과 잘 어울린다. 커바는 그루지야에서 전해 내려오는 전설 속 의적의 이름이다.

혁명에 뛰어든 스탈린은 1913년 2월 상트페테르부르크에서 체포되어 장장 4년 동안 유배생활을 했다. 유배지는 북극에 근접한 시베리아 북부 지역으로, 일 년의 대부분이 겨울일 정도로 아주 추운 곳이었다. 그곳은 밤이 끝도 없이 이어지고 하루에 햇볕이라고는 단 한두 시간만 어둠을 뚫고 가늘게 비추는 곳이었다. 일찍이 그곳에서 유배 생활을 했던 수많은 사람은 이런 고통스러운 환경을 견딜 수 없어 자살을 선택했다. 그 유배지는 오직 강한 의지의 소유자만이 살아남을 수 있는 곳이었다. 스탈린은 이런 곳에서 살아남았을 뿐 아니라 오히려 시련을 자기 연마의 시간으로 여기고 즐기기까지 했다. 훗날 스탈린은 시베리아 이야기를 할 때면 자신이 그곳의 고요함을, 그곳의 거칠고 과묵한 사람을, 그곳의 황량하고 원시적인 자연을 얼마나 사랑하는지 자랑하곤 했다. 답답하고 단조로우며 세상과 거의 격리된 유배 생활을 하는 동안 스탈린은 살아남기 위해 현지인에게 그들과 함께 사는 법, 엄동설한에 물고기 잡는 법 등을 배웠다. 그리고 자신의 의지를 한층 더 강하게 단련시켰다.

스탈린은 의지를 단련하는 것 외에 많은 시간을 들여 자신의 인생과 정치 투쟁 경력을 돌아보았다. 유배 생활을 자신을 반성하고 실력을 쌓는 기회로 삼은 셈이었다. 그러면서 마음속으로는 위대한 신념 하나를 서서히 키워갔다. 그 신념은 바로 나약하고 낙후되었으며 체계를 잡지 못한 러시아를 혁명을 통해 부강한 나라로 만들겠다는 생각이었다. 스탈린에게는 본래 끝까지 포기하지 않고 승복하지 않는 의지가 있었다. 또한 시베리아 유배 시절을 겪으며 목적을 위해 그 어떤 고통도 감내하겠다는 인내심을 키웠다. 스탈린의 이런 성향은 정치인으로 성공할 수 있는 동력이 되었다. 10월 혁명(1917년 11월[구력 10월] 러시아에서 일어난 사회주의 혁명)에서 승리한 후 스탈린은 소비에트 러시아에서 당정의 주요 직책을 맡았고 레닌이 죽자 당과 정부의 최고 지도자가 되었다. 이를 계기로 스탈린은 거칠 것 없는 행보를 이어갔다.

소련은 제2차 세계대전에서 절체절명의 위기에 빠졌지만 스탈린의 강철 같은 전투 의지에 힘입어 대반격이라는 극적인 반전을 연출할 수 있었다. 스탈린이 모스크바를 지켜내기 위해 소련 인민과 함께 최후의 순간까지 싸우는 등 온 힘을 기울인 모습에서 그의 완고하고 강인한 성격을 볼 수 있다. 스탈린은 전세가 아무리 어려워도 결코 움츠러들지 않았다. 전 세계에 소련의 붉은 군대는 절대 패배하지 않으며 소련의 정신은 절대 무너지지 않는다는 것을 보여주고자 했기 때문이다.

스탈린의 자아효능감 분석

스탈린의 강철 같은 의지는 심리학에서 말하는 '자아효능감'을 제대로 보여준다. 심리학에서는 자신이 어떤 임무를 완수할 수 있을

지, 혹은 어떤 상황에 대처할 수 있을지에 대한 자기 판단을 '자아효능감self efficacy'이라 칭한다. 자아효능감은 스스로 조절하고 통제하는 데 큰 영향을 미치는 변수다. 어떤 일을 선택할지 그리고 그 일을 얼마나 오래 지속할지 결정하는 데 영향을 미치며 어려움에 직면했을 때 문제를 해결하는 태도와도 관계가 있다. 또한 새로운 행위의 습득과 지속, 어떤 일을 할 때의 감정에도 영향을 미친다. 몇 안 되는 성공한 사람이 목표를 이룰 때까지 굴하지 않는 태도를 견지할 수 있었던 중요한 원인은 그들의 자아 효능감이 다른 사람보다 훨씬 컸기 때문이다. 그들은 자신이 어떤 목표를 달성할 수 있는 능력이 있다고 믿었던 것이다. 자아효능감이 강한 사람만이 큰 성취 동기를 품을 수 있고 자신의 목표를 실현하기 위해 더 많은 노력을 끈기 있게 경주할 수 있다.

스탈린이 아직 모스크바에 있다는 소식만으로도 소련 인민은 정신적 역량을 한껏 끌어올릴 수 있었고, 붉은 군대는 나라를 위해 헌신적으로 전투에 임할 수 있게 고무되었다. 제2차 대전이 종식된 후 소련은 스탈린의 지도 아래 미국과 어깨를 견줄 만한 사회주의 국가로 거듭났다. 투철한 의지를 지닌 스탈린이 없었다면 역사는 달라졌을 것이고 세계도 지금과는 다른 모습이었을 것이다. 중국조차도 지금과는 다른 길을 걸었을 것이다. 히틀러가 강철 같은 의지로 역사를 바꾸려 했지만 결국 실패한 반면 스탈린은 더욱 강력한 의지로 역사의 거대한 물줄기를 바꾸어 놓았다. 이로써 스탈린의 명예와 권위는 제2차 세계대전 때에 정점에 이르렀다.

후세 사람들은 스탈린의 전투 의지는 초일류였고 냉정한 일 처리는 일류였지만 군사적 판단은, 훗날 다소 향상되긴 했지만 이류에 머물렀다고 평가한다. 정곡을 찌르는 적절한 평가가 아닐 수 없다.

관련 상식

자아효능감이란 무엇인가?

자아효능감은 자신이 어떤 일을 완수할 만한 능력이 있는지 스스로 추측하고 판단하는 인식이다. 미국의 심리학자인 앨버트 반두라Albert Bandura가 처음으로 제시한 사회학습 이론의 핵심 개념이다. 자아효능감 이론은 1980년대에 크게 발전했고 여러 연구를 통해 검증되었다. 자아효능 기대란 어떤 행동을 수행할 수 있는 자기능력에 대한 추측 또는 판단을 가리킨다. 어떤 활동을 수행할 능력이 있다고 확신할 때 자기효능감이 높아져서 그 활동을 수행할 수 있게 된다. 반두라를 비롯한 학자들은 연구를 통해 자기효능감에 다음과 같은 기능이 있다고 밝혀냈다.

1. 활동을 선택하고 지속할지의 여부를 결정한다.
2. 어려운 상황에 직면했을 때 어떤 태도를 취할 것인가에 영향을 미친다.
3. 새로운 행위를 습득하고 습관화하는 데 영향을 미친다.
4. 어떤 일을 수행할 때의 정서에 영향을 미친다.

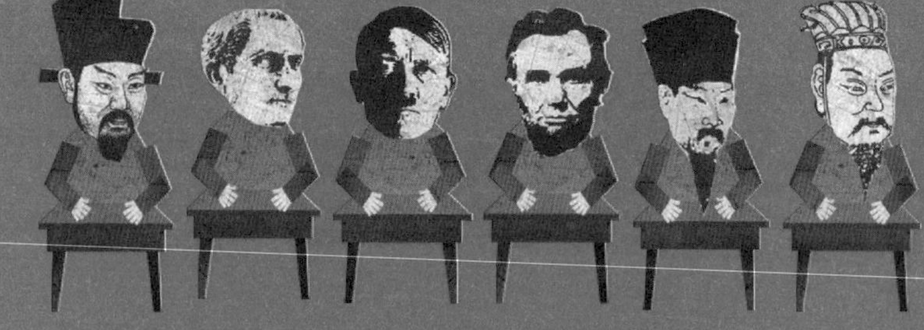

제5부

인격 완성

인격 완성이란 끊임없이 자아를 인식하고 발전시켜 인격이 성숙해지는 것을 말한다. 미국의 심리학자 칼 로저스Carl Ransom Rogers는 사람에게는 현실적 자아Actual Self와 이상적 자아Ideal Self가 있으며 이 두 자아를 결합할 때 자아를 실현Self Actualization할 수 있다고 지적했다. 현대 인격 이론에서 인격은 선천적이고 유전적 영향과 후천적인 환경의 영향을 동시에 받는다고 본다. 즉 자신의 의식적인 노력으로 인격을 완성시켜나갈 수 있다는 것이다.

제19장

이세민
철저한 자기반성과 겸손의 기술

이세민은 승리했어도 거만하지 않았고 안락할 때 오히려 위기를 생각하는, 그야말로 자기반성의 전형적인 모범을 보여 준 사람이었다. 또한 자신의 부족함을 인정하고 신하의 장점을 높이 샀다. 그가 정관지치를 구가할 수 있었던 이유다.

이세민李世民(598~649)은 당나라 2대 황제인 당태종으로, 이름은 세상을 구하고 백성을 편안하게 한다는 의미를 담고 있다. 이세민은 생애의 전반기에 군사에 힘을 쏟아 당나라 창건에 혁혁한 무공을 세웠고 후반기에는 중국 역사상 가장 뛰어난 정치가이자 군주가 되었다. 이세민이 재위했던 정관貞觀 연간(627~649)에는 중국 역사상 가장 태평한 시기였다. 정치는 투명했고 경제는 발전했으며 문화는 번영했고 사회는 매우 안정적이었다. 또한 군사력은 막강했고 백성은 편안한 삶을 살았다. 그래서 이세민의 시대는 '정관지치貞觀之治'라는 칭호를 얻었다.

이세민이 중국 제왕의 모범으로 추앙받는 이유는 무엇이며 어떻게 정관지치라 불리는 태평성대를 실현할 수 있었을까? 이세민의 국가 통치는 후세에 어떤 본보기를 남겼으며 어떻게 인재를 알아보고 적재적소에 기용할 수 있었을까? 또한 겸허하게 충언을 받아들여 수많은 사람이 흠모하는 왕이 된 비결은 무엇일까?

심리적 장애를 극복함으로써 직언을 겸허히 받아들이다

군왕이 신하의 직언을 겸허히 받아들이려면 '군주는 귀하고 신하는 천하다'는 편견을 깨고 최대한 이성적이고 적극적으로 신하의 충언과 대면할 수 있어야 한다. 이세민은 직언과 관련하여 『제범帝範』 「거참去讒」(당태종이 유약한 태자를 걱정해 정관 22년(648)에 왕의 통치에 관한 도를 서술한 책)에서 다음과 같은 말을 한 적이 있다.

"귀에 거슬리는 말은 몸에 좋은 약이 입에 쓴 것처럼 받아들이기 힘들지만, 마음에 맞는 말은 달콤한 독주처럼 받아들이기 쉽다. 지혜로운 왕은 쓴 약으로 병을 고치듯 직언을 받아들여 잘못을 고치지만 어리석은 왕은 달콤한 독주를 마시듯 아첨을 따르다 결국은 화를 입는다."

이세민이 중국 제왕의 모범이 될 수 있었던 것은 그가 이런 이치를 깨달아 '천자는 현명하다'는 허상에서 벗어나 객관적인 눈으로 자신을 통찰했으며 신하들이 직언할 수 있는 길을 열어주었기 때문이다. 더욱이 열여덟에 군인이 되어 쉰둘에 병으로 사망하기까지 시종일관 냉철을 유지하면서 거만해지지 않기 위해 자신을 경계했다는 점이다. 또 옛 성현의 가르침과 다른 사람의 눈을 거울삼아 사람을 이해했고 인재를 적재적소에 임명하여 '정관의 치'라는 태평성세를 이루어냈다. 그리하여 이세민은 후세에 많은 교훈을 남겼고 존경받는 선왕이 되었다.

'직언을 하면 화를 당하지 않을까' 하는 신하들의 우려를 불식시키기 위해 이세민은 자신이 구중궁궐에 갇혀 있고 능력도 한계가 있어 천하의 모든 일을 알 수는 없다고 거듭 강조했다. 여러 사람의 지혜와 능력을 두루 모아야만 나라를 다스릴 때 잘못을 줄일 수 있다는 것이다. 이세민은 "임금의 정무라 할지라도 한 사람이 듣고 그치면 아무리 최선을 다한다 할지라도 완전무결할 수 없다"(『신당서新唐書』「열전列傳」제57)고 말한 바 있다. 이세민은 신하가 안심하고 직언할 수 있도록 신하와 만날 때마다 최대한 온화한 얼굴로 긴장을 풀어주었다. 직언이 자신의 뜻과 맞지 않는다 할지라도 그 자리에서 비난하거나 책망하지 않았다. 이세민은 거듭 말했다. "짐이 이제 마음을 열고 간언을 받아들이려 하니 경들은 두려움 때문에 진실한 말을 하지 못하는 일이 없도록 하라." "(짐의) 안색이 변하고 짐의 뜻과 맞지 않는다 해도 결코 함부로 꾸짖거나 질책하지 않을 것이다."

(『정관정요貞觀政要』)

이세민이 충언을 장려한 덕분에 재위 기간에 충언하는 신하가 조정에 넘쳐났다. 가장 유명한 위징魏徵 외에 유계劉洎, 마주馬周, 저수량褚遂良, 잠문본岑文本 등 신하들에게서 직언이 쏟아졌을 뿐 아니라 장손長孫 황후와 어진 후궁이었던 서徐씨, 태자 이치李治 등 가족도 간언을 아끼지 않았다. 이세민은 또 방현령房玄齡 등의 대신에게도 직언을 겸허히 받아들이도록 요구했다. 이세민은 방현령에게 이렇게 말했다.

"공들 또한 반드시 다른 사람의 간언을 받아들여야 하오. 어찌 다른 사람의 말이 자기의 뜻과 다르다고 하여 자기의 단점만을 고집하며 받아들이지 않을 수 있겠소. 다른 사람의 간언을 받아들일 수 없다면 어찌 다른 사람에게 간언할 수 있겠소?"(『정관정요』)

이세민에게서 가장 본받을 만한 점은 신하들 앞에서 흔쾌히 자아비판을 하고 자신의 부족함을 인정하기를 부끄럽게 여기지 않았다는 점이다. 예를 들어 이세민은 천하 통치와 관련해 이렇게 강조했다.

"지금은 먼 곳의 오랑캐도 복종하고 풍년으로 곡식이 풍성하며 도적이 일어나지 않아 안팎이 평안하오. 이것은 짐 한 사람의 힘이 아니라 실로 공들이 서로 바르게 보필했기 때문이오" "짐은 두

손을 놓은 채 아무것도 하지 않았음에도 사방의 오랑캐를 모두 복종시켰소. 어찌 짐 한 사람이 이룬 것이라 할 수 있겠소. 여러 공들 덕분이오.”(『정관정요』)

『자치통감』에는 다음과 같은 일화가 있다. 이세민의 신하 중에 당인홍覺仁弘이라는 사람이 있었다. 그는 원래 수나라의 장수였다가 이연李淵(당 고조, 이세민의 부친)의 수하로 들어가 여러 차례 무공을 세웠다. 그러나 관직 생활 말년에 사욕을 채우다 고발되었고 대리사大理寺(사법을 관장하던 중앙기관)는 사흘 동안 다섯 차례나 당인홍을 참수할 것을 간언했다. 그러자 이세민은 대신들을 불러놓고 말했다.

“당인홍이 큰 죄를 지었으니 참수해야 마땅하오. 하지만 그는 이미 백발이 성성하니 그런 그를 참수한다면 짐은 실로 참기 힘들 것 같소. 경들에게 그를 살려주자고 부탁하고 싶소. 그렇게 해 줄 수 있겠소?”

군신들은 이세민이 이렇게 간절하게 사정하는 것을 보고 한 목소리로 “폐하의 처분을 따르겠습니다”라고 대답했다. 이세민은 크게 기뻐하며 말했다.

“법이란 하늘이 임금에게 내려준 것으로 누구도 함부로 해서 신뢰를 깨뜨릴 수는 없소. 그런데 이제 짐이 사사로운 정으로 당인홍을 풀어주고자 하는 것은 법을 어지럽히고 하늘의 뜻을 저버리는 짓이오. 이에 짐은 남교南郊에 멍석을 깔고 하루 한 끼 채소로 연명하며 사흘 동안 근신하여 하늘에 사죄하려 하오.”

방현령 등의 신하가 “살리고 죽이는 것은 폐하의 뜻에 달려있거늘 어찌 이렇게 자신을 탓하십니까?” 하고 이세민을 말렸지만 이세민은 다음과 같이 대답했다.

“짐에게는 세 가지 죄가 있소. 사람을 제대로 알아보지 못했다는 것이 첫 번째 죄요. 사사로운 정으로 법을 어지럽힌 것이 두 번째 죄요. 선에는 상을 베풀지 못했고 악은 제대로 징벌하지 못함이 세 번째 죄요. 이렇게 짐의 과오가 세 가지나 되오.”

그 후 이세민은 당인홍의 관직을 박탈하고 그를 변방으로 유배 보냈다. 죄를 지은 신하에게 관용을 베풀었다고 해서 겸허히 반성하고 자책했던 이세민에게서 제왕이지만 자아비판을 서슴지 않는 의연한 모습을 볼 수 있다.

안정 속에서도 위기를 생각하고 대비하여 냉정함을 유지하다

한번은 이세민이 측근과 나라를 창건하는 것이 어려운지, 지키는 것이 어려운지 토론을 벌였다. 방현령이 “건국 당시의 혼란한 세상에서는 영웅들이 일어나 다툰 후에야 위계질서를 세울 수 있으니 건국이 어렵습니다”라고 말하자 위징은 “자고로 제왕은 나라를 얻는 것은 그리 어렵지 않으나 한번 안이해지면 모든 것을 잃게 되므로 지키는 것이 어렵습니다"라고 대답했다. 이에 이세민은 "방현령은 나와 함께 천하를 평정하면서 여러 번 죽을 고비를 넘겼기에 창업의 어려움을 아는 것이오. 위징은 나와 함께 나라를 안정시켜 부강해지자 혹여 교만하고 사치스러워지지 않을까 우려하고, 조금만 소홀해도 나라가 어지러워질 것임을 걱정해 긴장의 끈을 놓지 않았으니 지키는 것의 어려움을 아는 것이오. 지금 나라는 이미 세워졌고 그것의 어려움은 이미 옛일이 되었으니 마땅히 공들과 함께 나라를 지켜나가는 데 신중을 기해야 할 것이오"라고 말했다.(『자치통감』 권195) 이 일화는 이세민이 건국과 통치가 똑같이 어렵다는 사실을 명확히 알고 있음을 보여준다. 그는 자신의 힘으로 나라를 세웠다고 해서 방종하거나 방탕하지 않았고 오히려 "수나라가 망한 원인은 결코 대단한 잘못에 있지 않다"라고 거듭 강조했다. 이세민은 또 이렇게 말했다. "진시황은 여섯 나라를 평정했고 수나라 양제煬帝(수나라의 2대 황제)는 넓은 땅을 가졌지만 둘 다 교만하고 안일하여 하루아침에 망하고 말았다. 그런데 짐이 어찌 교만해질 수 있겠는가? (…) 이런 까닭에 짐은 경계를 늦출 수 없다."(『정관정요』)

정관 15년(641)에 천하는 태평하고 정국은 안정되었다. 이때 이세민은 자신의 심정을 이렇게 표현했다. "짐에게는 두 가지 기쁨과 한 가지 두려움이 있소. 이전보다 풍작이라 장안에서 조 한 말에 3, 4전밖에 안 한다는 것이 한 가지 기쁨이고, 북방의 오랑캐들이 오랫동안 섬기니 변경 지대는 걱정할 일이 없다는 것이 또 다른 기쁨이

오. 그러나 나라가 안정되면 교만해지고 사치스러워지기 쉬우니 이 것이야말로 나라를 망하게 하는 길이라는 점이 한 가지 두려움이 오."(『자치통감』 권196) 자신에게 경각심을 일깨우기 위해 이세민은 기거랑起居郎(임금의 언행을 기록하던 관직)에게 홀笏(신하가 임금을 알현할 때 손에 쥐던 패)에 '거안사위居安思危(편안할 때 위기를 생각하다)'라는 네 글자를 크게 쓰게 하고 "짐이 위기를 생각하지 않거든 즉시 짐에게 알려주시오"라고 부탁하기까지 했다.(『위정공간록魏鄭公諫錄』 권4)

이세민은 신하와 후대도 이를 지키도록 했다. 예를 들어 태자와 군주에게 가르침을 주기 위해 『군서치요群書治要』를 읽도록 장려했고, 위징에게는 과거 제왕 자녀들의 성공과 실패담을 담은 『자고제후왕선악론自古諸侯王善惡論』을 편찬케 했다. 말년에는 태자를 위해 직접 『제범』을 편찬했다. 이 책은 자신의 정치 투쟁과 통치의 경험을 저술한 것이다. 이세민은 책의 서문에서 "옛날의 헌軒과 호昊에서부터 주나라와 수나라에 이르기까지, 천하를 다스리고 나라의 기틀을 세운 군주의 흥망성쇠를 밝힌다. 과거에서 교훈을 얻기 위해 역사서를 두루 살펴 그중 핵심을 모아 적음으로써 거울로 삼고자 한다"라고 특별히 언급했다.

한 나라의 왕으로서 권력의 미혹에 빠져들지 않고 이세민처럼 하기란 실로 어려운 일이다. 이세민은 이 점에 대해 다음과 같이 밝혔다. "천자에게 도가 있으면 곧 백성들이 그를 추대하여 군주로 삼지만 도가 없으면 백성들이 그를 버려 군주로 삼지 않으니 참으로 두려워해야 할 일이다."(『정관정요』)

이세민의 겸손한 성격 분석

이세민은 어진 군주로서 신하들 앞에서 과감히 자신의 부족함을 인정하고 신하의 장점을 높이 샀다. 이것이야말로 그의 가장 큰 강점이었다. 다른 왕들이 꺼리는 일을 이세민이 해낼 수 있었던 이유는 그가 기본적으로 겸손한 사람이었기 때문이다.

심리학적으로 볼 때 이세민은 자신감과 자기비판 의식이 남보다 월등히 뛰어났기 때문에 겸손할 수 있었다. 이세민의 자신감은 자신뿐 아니라 다른 사람도 사랑할 수 있는 높은 자존감과 겸손에서 나왔다. 자존감이라는 개념은 미국의 심리학자 윌리엄 제임스William James가 가장 먼저 제시했다. 윌리엄 제임스는 '자존감(또는 자아 가치감)=성공/포부'라는 공식을 세웠다. 즉 한 사람의 포부가 얼마나 실현되느냐가 자신의 가치의 크기라는 것이다. 자신이 중요하게 생각했던 분야나 큰 기대를 걸었던 분야에서의 성공과 실패가 자아 가치감에 큰 영향을 미침을 보여준다. 미국의 심리학자 로젠버그Morris Rosenberg는 자존감은 자신에 대한 전반적인 태도이며, 자아를 어느 정도 수용하느냐의 문제라고 주장했다. 반면 쿠퍼스미스Stanley Coopersmith는 자존감은 자신에 대한 평가이자 태도로, 자신을 능력 있고 중요하며 성공했고 가치 있는 사람이라고 크게 믿는 것이라고 주장했다. 심리학적으로 겸손한 사람은 자신의 장점을 부인하지도 않지만 자만하지도 않으며, 다른 사람의 약점을 업신여기지도 않는다. 또한 다른 사람의 의견을 진심으로 경청하며 자신을 과시하려 들지도 않는다.

이세민은 다른 이들의 비판적 의견을 수용했으며 다른 사람이 자신보다 뛰어나면 어쩌나, 자기를 비웃으면 어쩌나, 황제의 자리를 넘보면 어쩌나 걱정하지 않았다. 그 반대로 다른 사람의 비판이나 의견을 긍정적이며 적극적으로 수용해서 끊임없이 자신을 반성했고 정책을 잘못 결정하는 과오를 최대한 줄이려고 노력했다. 그가 후세에게 남긴 가장 큰 교훈은 부단히 반성하는 겸손한 인격자로 군주의 모습을 제시한 점이다. 이것이 바로 그의 인간적 매력이다.

관련 상식

자신감과 자존감

자신감self-confidence은 자아에 대한 감정이자 정서적 체험으로, 자신에 대한 긍정적 태도를 말한다. 로젠버그는 자신감을 도전과 위기에 성공적으로 맞설 수 있다고 여기는 기대감이라고 정의했다. 보다 일반적으로 해석하자면 자신이 원하는 방향으로 일을 이끌어 갈 수 있다고 믿는 자세라 할 수 있다. 여기서 말하는 자신감은 '행위'와 '자기 평가'의 관계가 중요함을 강조한다.

자신감은 생활에서 맞닥뜨리는 사건에 대한 태도 및 행위의 적극성에도 영향을 미친다. 다시 말해 자신감은 자신과 타인 모두와 밀접한 관련을 맺는 것이다. 이런 의미에서 자신감은 심리학적 개념인 자존감self-esteem과 유사하다.

제20장

소동파
세상의 눈을 이겨낸 낙천과 활달

소동파의 삶은 대구를 이루는 한 편의 시로 요약할 수 있다. 1연이 "귀찮지만 가만히 있지 않는다"라면 2연은 "고통 속에서 즐거움을 찾는다"이며, "힘든 날도 여유롭게 이겨낸다"가 3연이다.

소식(1037~1101)은 자가 자첨子瞻이고 호는 동파거사東坡居士이며 미주眉州(지금의 쓰촨四川성 메이샨眉山) 출신이다. 북송의 유명한 문학가이자 서예가, 또 화가로 중국 문학사에서 보기 드문 팔방미인이다. 부친 소순蘇洵, 동생 소철蘇轍과 더불어 문학으로 명가를 이루어 '삼소三蘇'라 불렸고 세 사람 모두 '당송팔대가'로 꼽힌다. 소동파는 서예에도 조예가 깊어 황정견黃庭堅, 미비米芾, 제양祭襄과 함께 송나라 4대 서예가로 이름을 날렸다. 지금까지 전해진 소동파의 시와 사詞는 4000여 수로, 내용이 광범위하고 시풍이 다양하며 호방함이 두드러지고 낭만주의 색채가 짙다.

소동파는 평생 벼슬길이 순탄치 못했다. 몇 차례의 부침을 겪고 좌천을 당해서 자신의 정치적 재능을 마음껏 펼치지 못했다. 하지만 자신에게 닥친 시련과 박해를 순순히 받아들이지 않고 인생을 대하는 자신만의 태도로 끊임없는 불행을 견뎌냈다. 역경 속에서도 삶을 사랑했고 창작욕을 불태워 지금까지도 사람들에게 회자되는 수많은 걸작을 창작했다.

소동파가 어려움에 처할수록 자아를 찾을 수 있었던 이유는 무엇일까? 역경 속에서 어떻게 달관할 수 있었을까? 소동파는 어떤 사람이었기에 기구한 운명을 극복했던 것일까?

다재다능했지만 기구했던 운명

소동파는 중국문학사에서 보기 드문 팔방미인이었지만 인생 또한 보기 드물게 험난했다. 스물한 살에 동생 소철과 함께 과거에 응시해서 진사에 급제했다. 송나라 인종仁宗은 전시殿試(황제가 직접 주관하는 과거 시험의 최종 시험, 지금의 최종 면접)에서 소씨 두 형제를 본 후 기쁨에 넘쳐 고황후高皇后에게 재상감 두 명을 찾았다고 말했다 한다. 소동파는 재상이 될 만한 재목이었지만 운이 따라주지 않아 벼슬길은 험난함 그 자체였다. 다재다능했지만 결국 중용되지는 못했으며 과감한 시를 쓰거나 직설적으로 말을 해서 여러 차례 정치적 맞수에게 빌미를 잡혔다. 그래서 40여 년의 관직 생활에서 3분의 1은 좌천된 채 보내야 했다.

소동파는 항주杭州, 서주徐州, 밀주密州, 양주揚州 등지의 지방관을 역임했으며 중앙 정부에서 병부상서兵部尚書, 예부상서禮部尚書, 중서 사인中書舍人 등의 직책을 역임하면서 오랜 세월 관직에 몸담았다. '오 태시안'이라는 필화 사건에 연루되어 옥살이를 했으며 황주黃州, 혜 주惠州로 좌천되기도 했다. 담주儋州(지금의 하이난다오海南島) 지방 별 가別駕(우리나라의 도지사에 해당하는 주州의 일급 행정 수장의 비서)로 좌천된 것은 그의 나이 예순둘 때였다. 명성에 걸맞지 않게 중앙에 서 동떨어진 지방에서 말단 관직을 맡게 되었을 때 소동파의 마음 이 얼마나 착잡했을지는 충분히 짐작하고도 남는다. 다른 사람이었 다면 시대를 잘못 만났다고 한탄하며 산간벽지에서 울분을 토해내 다 생을 마감했을 테지만 소동파는 의연하게 관직 생활을 하고 돌 아왔다.

역경 속에서도 낙천적인 성격을 고수하다

소동파는 평생 굴곡진 삶을 살았고 재능을 펼칠 기회조차 얻지 못했지만 삶을 뜨겁게 사랑했고 언제 어디서든 자신의 걱정과 번민 을 자연에 녹여내 비범한 작품을 탄생시켰다. 시인으로서 소동파는 굴원屈原처럼 나라와 백성을 걱정했고 도연명陶淵明처럼 담담하고 소 탈했으며 이백李白처럼 자유롭고 거리낌이 없었고 두보杜甫처럼 함축 적이고 심오한 작품을 썼다. 웅장함이라는 골격에 고상함이라는 살을 붙인 작법은 호방한 사풍詞風을 낳았다. 힘차지만 흐르는 물처럼 부드럽고 다양한 내용을 담고 있지만 명쾌한 것은 그의 산문이 지니는 특성이었다. 그림은 '등불 하나가 사방으로 번져 과거와 현재를 비춘다'는 평을 들었다. 그는 문호주죽파文湖州竹派(문인 화풍을 표방한 작가군)의 핵심 인물이기도 했다. 서예는 소탈하면서도 힘이 넘치고 독특한 풍격을 자랑했다. 그밖에도 소동파는 군사, 의약, 건축, 수리, 언어, 음악 등 다방면에 식견이 뛰어났다. 특히 요리에도 일가견이 있어 동파육東坡肉, 동파궐어東坡鱖魚, 동파하東坡蝦, 동파순東坡筍, 동파병東坡餅, 동파두부東坡豆腐 등 20여 가지나 되는 음식을 개발하기도 했다. 온갖 역경 속에서도 자연과 벗하고 예술과 요리에 심취함으로써 활달하고 낙천적인 성격을 유지할 수 있었던 것이다.

활달함은 중국 사대부들이 수천 년 동안 줄곧 이상으로 추구했던 자질이다. 심리학적으로 활달함은 낙천적인 성격의 집약적 표현이다. 낙천성은 무엇인가를 하게 하는 동기이자 성품이기도 하다. 활달함은 명랑, 자신감, 강인함, 친화력 등의 특징을 포함하며 승화, 유머, 이타적 행위 등의 성숙한 심리 방어기제를 잘 활용하는 성향이다. 감성지수EQ의 측면에서 보면 낙천성은 도전이나 좌절에 직면했을 때 불안함에 시달리지도, 패배주의에 젖지도, 의지가 위축되지도 않는 것을 말한다. 낙천적인 사람의 삶에 낙담, 불안, 정서 부적응 등과 관련된 문제는 거의 발생하지 않는다.

소동파는 한창 잘 나갈 때 '소씨의 둑'(항주 지방관을 역임할 때 서호

<표11> 소동파의 활달한 성격

성격의 유형	특징	시와 사에 나타난 표현
주관적인 행복	즐거움과 기쁨, 자족, 자부심, 희열, 감격 등 유쾌한 감정을 많이 느낀다.	가지 위 버들솜은 바람에 날려 점점 줄어드는데, 하늘 아래 아리따운 풀이 없는 곳 있으랴. (사 「접연화蝶戀花」에서)
낙천적 성격	자신감이 넘치고 자발적으로 행동해 좌절을 이겨낸다.	수풀을 뚫고 잎사귀에 부딪히는 비바람 소리 듣지 마라. 읊조리며 빗속을 천천히 거닌들 어떠하리. (시 「정풍파定風波」에서)
생각의 변화	생각을 전환하여 역경을 직시하고 희망을 품는다.	사람에게는 기쁨과 슬픔, 만남과 헤어짐이 있고, 달은 밝고 어두움, 둥글고 이지러짐이 있으니 자고로 완전하기 어려워라. 다만 바라는 것은 그리운 사람이 오래도록 건강하여 천 리 밖에 떨어져 있어도 저 아름다운 달빛을 함께 보는 것이라네. (사 「수조가두水調歌頭」에서)
유머로 고통 다스리기	유머러스하고 해학적인 태도로 근심을 떨쳐버리고 감정을 분출하면서 기쁨을 느낀다.	용구거사龍丘居士(소동파의 친구 진계상 陳季常)는 역시 가련하구나. 밤에 잠도 자지 않고 공空과 유有를 논하는데 갑자기 하동(진계상의 처 유씨가 사는 곳)의 사자후가 들리니 지팡이가 손에서 떨어지며 정신이 아찔해지는구나. (소동파가 친구 오덕인吳德仁에게 보낸 시에서)

에 쌓은 둑)이라는 제방을 쌓거나 새로운 화풍을 창시했고 삶이 뜻대로 안 될 때는 땅을 일구고 요리를 했다. '동파東坡'라는 별호도 밭을 경작하던 시기에 고통 속에서 즐거움을 찾기 위해 지은 것이다. 이처럼 소동파는 일이 잘 풀릴 때나 안 풀릴 때나 한결같이 낙천적이었다. 자담에서 동파로의 변화는 단순히 자字에서 호號로의 변화

가 아니라 인격의 변화를 보여준다. 소자담으로 불릴 때 소식은 공명심에 불타 성공을 추구한 사람이었다. 하지만 소동파로 불린 후 명예와 지위는 전혀 중요하게 생각하지 않고 삶을 사랑했다.

스트레스 심리학에는 '스트레스 자체가 문제가 아니라 스트레스를 대하는 태도가 문제다'는 권위 있는 이론이 있다. 스트레스를 효과적으로 해소하려면 그것을 낙관적으로 대해야 한다는 말이다. 이런 의미에서 소동파가 일생 동안 거둔 최고의 성공은 수많은 문학 작품 창작도, 글씨와 그림에 들인 노력도, 제방을 건설한 것도 아니다. 그것은 바로 오랜 시간 단련돼 고통 속에서도 즐거움을 찾을 수 있는 정신력이다. 이것이야말로 소동파가 후세에 남긴 최고의 정신적 유산이며 대대손손 많은 사람이 소동파를 추앙하는 본질적 이유다.

소동파의 낙천적인 성격 분석

소동파는 틀림없는 낙천주의자이다. 낙천적인 성격dispositional optimism은 좌절에도 불구하고 감사할 줄 알며 인생의 득과 실을 변증법적으로 바라보고 생활에 활력이 넘치는 등의 특징을 보인다. 심리학 조사에 따르면 활달하고 낙관적인 사람은 비관적이고 우울한 사람에 비해 암 발병률이 현저히 낮아 신체적으로 건강할 뿐 아니라 비교적 행복한 가정생활을 영위하며 직업적으로도 비교적 수월하게 성공을 거둔다고 한다. 미국 텍사스대학 심리학과의 슈나이더 교수는 낙천적인 사람에게는 다음과 같은 공통점이 있음을 밝혀 냈다.

1. 자신을 격려하고 각종 방법을 찾아내 목표를 실현시킨다.
2. 곤경에 부딪혔을 때 스스로 위로하고 상황에 적절하게 대처한다.
3. 어려운 임무를 쉽게 해결하기 위해 작은 일로 쪼갠다.

미국의 유명한 심리학자인 반두라 또한 다음과 같이 말했다. "사람의 능력은 자신감에 크게 좌우된다. 능력은 고정되어 있는 것이 아니기 때문에 능력의 발휘 범위는 굉장히 탄력적이다. 강한 사람은 넘어져도 빨리 일어설 수 있으며 문제에 직면하면 걱정만 하는 것이 아니라 어떻게 해결해야 할지부터 생각한다."

미국의 심리학자인 코바사Suzane Kobasa 박사는 강인성hardiness이라는 개념을 제시했다. 강인성에는 몰입commitment, 도전challenge, 통제control의 세 가지 측면이 있다. 그중 몰입은 스트레스를 받을 때 어려움과 책임을 회피하지 않는 것이며 도전은 스트레스에 직면했을 때 과감히 자신에게 도전하는 것이다. 마지막으로 통제는 스트레스에 직면해서도 감정을 통제할 수 있음을 의미한다. 강인성을 발휘하면 스트레스는 더 이상 두렵지 않게 되며 스트레스에 적극적으로 도전할 수 있어 대응하는 힘이 커진다. 결국 자존감이 높아지고 자신감도 강해진다. 이런 성격을 단련하고 기르기 위해서는 근본적으로 낙천성이 필요하다.

소동파는 낙천주의자였기에 정신적 스트레스를 받아도 달관하고 변증법적으로 접근할 수 있었다. 인생은 하나의 교과서와 같았다. 그래서 고통을 겪고 있는 순간은 자신이 풀어야 할 숙제나 시험에 지나지 않은 것으로 여겼다. 긴 시간이 지나 소동파는 평상심을 얻었다. 관직 생활이 험난하다고 자포자기하지도 않았고 인생의 풍파를 만났다고 하늘을 원망하지도, 사람을 욕하지도 않았다. 세상사의 이해와 득실, 전진과 후퇴를 담담하게 마주했고 인생의 기쁨과 슬픔, 만남과 헤어짐은 진솔하게 상대해 후회를 남기지 않았다. 소동파는 자신의 이런 삶의 태도를 사에 그대로 언급했다. "인생에는 기쁨과 슬픔, 만남과 이별이 있고, 달에는 밝음과 어두움, 차고 이지러짐이 있는 법이니, 이같이 일이란 예로부터 완전한 적이 없었소. 다만 그리운 사람이 오래 살아남아 천 리 먼 곳에서도 저 달빛을 함께 볼 수 있기를 바랄 뿐이네." 임어당林語堂은 소동파의 성격이나 삶에 대해 『소동파전』에서 통찰력 있는 말을 했다.

"나는 소동파를 어쩔 수 없는 낙천주의자라고 말하고 싶다. (…) 소동파는 중국의 어떤 시인보다 다면적인 천재성을 지녔다. 감성이 풍부하고 변화에 능하며 유머 감각 또한 뛰어나다. (…) 소동파에게는 성격에서 비롯된 힘이 있었다. 아무도 그 힘을 막을 수는 없었다. 그 힘은 소동파가 태어나는 순간부터 죽어서 웃을 수 없을 때까지 존재했다."

소동파가 남긴 최고의 명언은 동생에게 했던 말이다. "나는 위로는 옥황상제를 섬길 수 있고 아래로는 비전원卑田院(빈궁한 백성을 구제하여 기르는 곳)에서 빌어먹는 아이도 모실 수 있다. 이 세상에 좋은 사람이 아닌 이는 한 사람도 없다." 이것이야말로 소동파의 인격적 매력을 가장 잘 보여주는 말이 아니겠는가!

관련 상식

주관적인 행복감을 길러야 하는 이유

주관적 행복감이란 개인적으로 즐거움과 기쁨, 자족, 자부심, 희열, 감격 등의 유쾌한 정서를 느낄 수 있는 능력을 말한다. 이것은 대부분 태어났을 때부터 보이는 생리적 반응이기는 하지만 행복을 느끼고자 하는 훈련을 통해 이런 감정적 체험을 강화하고 오래 지속시킬 수 있다. 미국의 심리학자 포다이스Michael Fordyce는 200여 명의 대학생을 대상으로 행복감을 높일 수 있는 방법과 관련된 실험을 했는데, 행복을 느끼고자 훈련하면 행복감과 생활의 만족도를 높일 수 있는 것으로 밝혀졌다. 필자 역시 심리 상담을 통해 유쾌한 정서를 많이 느끼면 일상에서 받는 스트레스에 적응하는 능력이 커진다는 사실을 발견한 바 있다. 미국의 심리학자 아이슨Alice Isen과 프레드릭슨Barbara Fredrickson은 긍정적이고 유쾌한 감정을 체험한 사람일수록 사고력이 뛰어나다는 사실을 밝혀냈다.

제21장

조설근
분노의 예술

『홍루몽』은 조설근이 자신의 반골 성향을 표출하기 위한 수단이자 그
것을 예술적으로 승화시킨 작품이다. 그는 반항심은 자신을 조소하는
세상에 대한 분풀이가 아니라 전체 사회구조를 향해 있었다.

조설근曹雪芹(1715~1764)은 청나라의 유명한 문학가로, 본
명이 점霑이고 자가 몽완夢阮이며 호가 설근, 근포芹圃, 근계芹溪다.
조설근의 증조부인 조새曹璽, 조부인 조인曹寅, 부친인 조옹曹頫과 형
제인 조부曹頫까지 조씨 가문은 3대에 걸쳐 4명이 모두 60여 년 동
안 강녕직조江寧織造라는 벼슬을 지냈다. 조부인 조인은 강희제康熙
帝에게 글을 읽어주는 시독侍讀이자 어전시위御前侍衛를 역임했으며
훗날 양회순염감찰어사兩淮巡鹽監察御史를 겸임하는 등 강희제의 총
애를 받았다. 강희제는 여섯 번이나 강남 지역에 내려갔는데 그중
네 번은 조인이 직접 영접했다. 조설근은 이처럼 부유하고 명성 높
은 집안에서 자랐다. 하지만 옹정제雍正帝의 재위 초기에 정치적 문

제에 연루되어 조씨 가문은 큰 타격을 입었다. 옹정 5년(1727)에 조
부曹頫가 파면되어 옥에 갇혔고 가산을 몰수당했다. 조씨 일가는 북
경성으로 이주당한 뒤부터 가세를 회복하지 못하고 갈수록 쇠퇴해
갔다. 가문의 몰락은 어린 조설근의 마음에 씻을 수 없는 상처를 남
겼다. 조설근은 세태의 야박함을 뼛속 깊이 느낄 수밖에 없었고 이
것은 어른이 된 후에도 관직을 마다하고 청빈한 생활을 하게 되는
계기가 되었다. 말년에 북경의 서쪽 교외 지역으로 이주했고 가난과
병이 설상가상으로 겹쳐 온 가족이 초가집에서 죽으로 연명하는 신
세가 되었어도 그는 고집스레 중국 고전 소설의 백미인『홍루몽紅樓
夢』의 창작과 퇴고에 몰두했다.

인생에서 가장 높은 곳에서 낮은 곳으로 떨어져 본 경험을 한 조
설근의 반골 기질은 무엇을 의미하는 것일까? 또한 문학 작품 창작
을 통한 인격 승화의 의미는 무엇일까?

어려서부터 괴팍했던 성격

조설근은 세도가에서 태어났고 천부적으로 똑똑했지만 어려서부
터『사서四書』『오경五經』같은 유교 경전을 멀리하고 잡다한 지식을
얻을 수 있는 야사와 가벼운 책만 즐겨 읽었다. 또한 잠시 연극에 몸
담으면서 무대에 임시로 서기도 했다. 이처럼 조설근의 반골 성향은
어려서 싹텄다.『홍루몽』의 남자 주인공인 가보옥賈寶玉을 묘사한「서

강월西江月」이라는 사詞는 조설근 자신의 이야기로 보아도 무방하다. "때로는 바보나 미친 사람처럼 까닭 없이 우울해지고 증오에 휩싸였다. 허울은 멀쩡해도 속은 무성한 풀숲과 같았다. 세상 물정에는 어둡고 우매하며 완고해서 공부라면 질색했다. 외고집에 괴팍했고 세상 사람들의 비난에 일일이 관여했다." 가족들은 조설근이 조금도 나아지지 않았으며 제멋대로 행동해 가문을 욕 먹인다고 질책했다. 심지어 그를 감금도 해봤지만 그의 반골 기질을 다스릴 수는 없었다.

옹정제가 죽은 뒤 건륭제乾隆帝가 즉위해 조씨 일가의 혐의를 벗겨주긴 했지만 조씨 가문 원래의 관직과 가산은 돌려주지 않았다. 그래서 조설근은 성인이 된 후 일반 기인旗人(중국 청나라 때 군대를 기旗의 빛깔에 따라 여덟으로 나눈 군제軍制인 팔기에 딸렸던 사람. 주로 청나라 건국에 공이 많은 만주족의 군인들로 구성되었다) 출신처럼 지정하는 곳으로 가서 하급 관리로 복역해야 했다. 조설근은 한동안 내무부에서 근무했다. 하루하루 아무 일 없는 듯 흘러갔지만 결국 언행이 제멋대로여서 파직당하고 말았다. 그 시기에 고모 댁과 처갓집, 절과 마구간 등을 전전했다. 부귀영화를 누리던 집에서 태어나 남의 시중을 받던 것에 익숙한 사람이 성인이 되어서는 남의 집 처마를 전전하며 무시당하기 일쑤였으니 그 심정이 얼마나 씁쓸하고 처량했을지 충분히 짐작할 수 있다. 그 후 현의 한 관리 집에서 사환 일을 잠깐 맡았지만 역시나 글은 좀 아는데 품행이 좋지 않다는 이유로 해고되었다.

조설근은 여생을 북경 서산에서 보냈다. 그곳에서 풀로 지붕과 창문을 엮고, 기와로 부엌을 만들고, 새끼로 침상을 꼬아 누추한 집을 세워 그림 팔고 훈장 노릇 하면서 생계를 유지했다. 날마다 서산을 바라보며 저녁놀을 반찬 삼았고 온 식구가 죽으로 끼니를 때웠다. 술은 외상으로 마셨다. 궁핍은 평생 조설근을 따라다녔지만 이것이 오히려 조설근을 각성하게 만들었다. 사회에 대한 고민이 날로 많아져서 건륭제의 태평성세에도 오히려 말세 분위기를 강하게 느꼈다. 조설근은 이 모든 느낌을 글로 적어 태평성세에 도취된 사람들을 일깨우기 위해 세속적인 관점과는 완전히 다른 내용의 책을 쓰기로 마음먹었다. 그래서 원래는 한낱 소일거리로 시작된 『홍루몽』 저술은 일생일대의 숙원 사업이 되었다.

창작을 통해
반발심을 예술적으로 승화시키다

조설근은 끝도 없이 슬픔과 가난에 시달리면서도 사력을 다해 『홍루몽』이라는 불세출의 걸작을 써내려갔다. 그는 서문에서 자신을 이렇게 밝혔다. "하늘과 조상의 은덕으로 호의호식할 때는 부모형제의 가르침을 저버리고 스승과 벗의 바른 소리를 흘려들었다. 결국 지금 아무것도 이루지 못한 채 반평생을 낙심으로 허송한 죄를 여기서 고하고자 한다." 조설근이 쓰고자 했던 것은 다음과 같다.

　첫째, 『홍루몽』은 명문 세가인 가賈씨, 왕王씨, 사史씨, 설薛씨 등 네 집안이 쇠락해가는 과정을 통해 나무가 쓰러지면 그 위에 있던 원숭이도 흩어진다는 자명한 이치를 그려내고자 했다. 그들이 과거에 얼마나 엄청난 부귀영화를 누렸든 상관없이 결국 모두 먼지처럼 흩어지는 모습에서 만물이 극에 달하면 다음은 반드시 쇠할 수밖에 없고 한번 무너지기 시작하면 걷잡을 수 없음을 보여주었다. 이처럼 조설근이 저술한 홍루몽은 하나같이 해피엔딩으로 끝나버리는 중국 고전 소설의 형식을 타파하고 고대 그리스 문학이 지닌 비극미를 보여주었다.

　둘째, 『홍루몽』은 인심과 세상사의 야박함을 표현하고 있다. 진사은甄士隱이 집과 가족을 잃고 처갓집에 들어가 무시를 당하는 장면에서, 가우촌賈雨村이 설반薛蟠의 첩 향릉香菱이 진사은의 잃어버린 딸임을 알게 됐음에도 구해주지 않는 모습에서, 가탐춘賈探春이 생모의 오빠가 남편의 동생임을 알게 되는 장면에서, 가모賈母(가보옥의 할머니)와 왕부인王夫人(가보옥의 어머니)이 왕희봉王熙鳳(가보옥의 아버지 가정賈政의 조카인 가련賈璉의 부인)과 함께 가보옥과 설보채薛寶釵(가보옥의 이종사촌이자 설반의 여동생)의 혼인을 위해 나쁜 계략도 서슴지 않고 실행에 옮기는 모습에서 모두 인간의 추악한 면을 낱낱이 드러내고 있다. 이처럼 조설근은 『홍루몽』에서 세태의 냉혹함을 예리한 필치로 가감 없이 그려냈고 작가 자신이 직접 겪은 많은 일을 작품 속에 여실히 녹여냈다.

셋째, 소년 가보옥이라는 반항적 인물을 창조했다. 가보옥은 화목하고 부유한 마을의 부귀영화를 누리는 가문에서 태어나 학문적이고 문학적인 분위기가 넘치는 환경에서 자랐다. 문학적 풍취가 넘치는 권문세가의 자제로 태어나고 자랐지만 오히려 과거에 필요한 팔고문八股文과 기예를 멀리하고 공명과 관록을 업신여기는 등 세속적인 출세는 원하지 않았다. 야사와 잡서를 즐겨 읽고 집밖으로 나돌며 배우 생활을 하기도 했다. 사재를 털어 전통극 배우인 기관琪官이 왕부王府(왕씨 가문)에서 도망치는 것을 돕기도 했지만 심한 매를 맞고도 정신을 차리지 않는 모습을 보였다. 가보옥은 책에나 있는 이치로 가르치려 드는 사람과 과거 시험으로 관직에 올라야 하지 않겠냐고 잔소리하는 사람을 특히 싫어했다. 이렇듯 자신의 마음을 돌려보려고 잔소리하는 사람에게는 그 사람이 누구라도 얼굴을 붉혔다.

넷째, 『홍루몽』에는 여성을 존중하고 아끼는 조설근의 마음이 표현되어 있다. 조설근은 가보옥의 입을 빌려 "여자는 물로 만든 골육이고 남자는 진흙으로 만든 골육이어서 여자는 마음을 상쾌하게 하지만 남자는 지독한 악취를 풍겨 가까이 가지 못하게 한다"고 말했다. 가보옥의 여성 찬미는 자신조차 닭살 돋을 정도로 대단했다. 가보옥은 "무릇 산천일월의 정수는 여자 아이에게 모여 있고 수염 난 사내는 혼탁한 물속 침전물에 지나지 않는다"라고 말하기도 했다. 가보옥은 자신이 부잣집 도련님이라고 여성을 업신여기지 않았고 오히려 여성을 순결함의 상징이라 생각해 찬미하고 섬길 수 있는 것을 영광으로 여겼다. 이것은 옛날부터 이어져 온 '남존여비'의 전통에 반기를 든 것일 뿐 아니라 그 전 소설에서는 한 번도 다루어진 적이 없는 내용이었다.

마지막으로『홍루몽』에서 무엇보다 중요한 것은 비극적인 사랑을 묘사했다는 점이다.『홍루몽』은 중국 고전 문학이 사랑을 다루는 세 가지 전형적인 방법에서 탈피했다. 그 세 가지 방법이란『금병매金瓶梅』를 필두로 한 음탕한 여인의 등장,『여선외사女仙外史』를 대표로 하는 '신선과 요괴의 등장',『서상기西廂記』와『목단정牧丹亭』이 대표하는 '재능 있는 선비와 아름다운 여인의 만남'이다. 조설근은 비극적으로 빼어난 애정 소설을 창작함으로써 기존의 중국 애정 소설이 지닌 전형성, 즉 남녀가 수많은 우여곡절을 겪어도 결국에는 사랑이 이루어진다는 공식에서 벗어났다. 사랑의 비극성은 주인공인 가보옥과 임대옥의 말과 행동이 세상에서는 받아들여질 수 없었다는 데 있다. 이 때문에 둘의 사랑은 철저하게 전통 예교禮敎에 짓밟혔다. 둘의 사랑이 적나라하고 처절하게 짓밟히면 짓밟힐수록 사람들에게 봉건 제도와 전통 예교의 잔인성을 환기시켰다. 이것이『홍루몽』의 힘이었다.『홍루몽』은 다음의 시 한 수로 요약할 수 있다.

"덧없는 인생, 무엇 때문에 이토록 고통스러운가. 성대한 잔치와 호화로운 술자리도 결국 끝이 나거늘. 슬픔과 기쁨, 모든 것이 허황되고 아득한데, 예부터 지금까지 모두 한낱 꿈처럼 허망하구

나. 붉은 소매 자락의 눈물자국 깊다 하지 마라. 사랑에 눈먼 사
람이 품은 미움은 끝이 없다. 한 글자 한 글자가 피눈물이구나,
십 년의 고생이 예사롭지 않도다.”

조설근의 반항심 분석

조설근은 풍족한 환경에서 태어났지만 가난에 시달리다 죽었다.
평생 굴곡진 삶을 살면서 세상의 냉혹함을 뼈저리게 느꼈기에 마음
속에 원망이 가득했지만 이에 못지않게 재능도 출중했다. 그래서
『홍루몽』이라는 걸작을 쓰면서 마음속에 가득 찬 원망과 세상에 대
한 불만을 발산했다. 본질적으로 『홍루몽』은 조설근이 자신의 반골
성향을 예술적으로 승화시킨 작품이다. 그는 반항심을 발산해서 일
시적으로 마음의 안정을 찾는 것에 그치지 않고 깊은 사유의 경지
까지 나아갔다. 그의 반항심은 자신을 조소하는 세상에 대한 분풀
이가 아니라 사회 구조에 향해 있었다. 『홍루몽』은 좌절과 실의에 부
딪힐 때 누구나 완전히 다른 방식으로 그것을 이겨나갈 수 있음을
보여준다. 또한 인생에서 가장 억압적이고 초라한 순간에도 가장 아
름답고 소중한 것을 만날 수 있다는 메시지를 전하고 있다.
조설근의 반항심은 단순히 권위에 도전한다거나 튀는 행동으로
불만을 표출하는 청소년기의 반항심과도 다르다. 함축적이고 깊이
있는 글쓰기와 사유를 통해 사람들이 인생의 진정한 가치를 추구하

도록 환기시키고 있는 것이다. 이런 의미에서 조설근의 반골 성향은 많은 어려움을 겪으면서 단련된 내공이자 인생에서 얻은 지혜라고 할 수 있다.

조설근의 반발심은 어떤 것에도 구속받지 않으려는 성격을 형성했다. 유명한 홍학(『홍루몽』에 대해 연구하는 학문) 연구자인 저우루창周汝昌은 조설근의 자유로운 성격을 보여주는 요소로 세 가지를 꼽았다. 첫째, 비웃고 조롱하고 화내고 욕하는 등 모든 감정을 고스란히 드러낸다. 둘째, 풍자와 해학, 유머를 구사한다. 셋째, 세상에 크게 분노하고 성품이 대쪽 같다. 조설근의 반발심은 어떤 사람이나 성장 환경을 향한 것이 아니라 사회 현상, 더 나아가 사회 제도를 향한 것이었다. 또한 폭력적인 혁명이 아니라 부드러운 바람과 보슬비와 같은 것이었다. 부드러운 바람과 보슬비라 해도 그것은 거대한 혁명 못지않게 사유의 변화를 가져오곤 한다.

조설근은 가난과 실의 속에 생을 마감했지만 정말로 대단한 것은 이러한 고통 속에서도 자포자기하며 허송세월한 것이 아니라 세기의 걸작인 『홍루몽』을 써냈다는 점이다. 그의 삶과 업적은 마치 맹자의 말을 증명하는 듯하다.

"하늘이 그와 같은 사람에게 큰 임무를 내리려 할 때, 반드시 먼저 마음을 괴롭히고 근골을 수고롭게 하며, 육체를 굶주리게 하고 아무것도 가진 게 없게 하여 하는 일과 해야 할 일을 어긋나게 만든다. 이는 마음을 움직여 참을성을 기르고 지금까지 할 수 없었던 일도 이룰 수 있게 하기 위함이다."

조설근은 중국 문학사에서 기인이었으나 『홍루몽』의 절반만을 남기고 요절했다.(지금 전하는 홍루몽은 총 120회인데 그중 조설근이 쓴 부분은 80회고 나머지 40회는 당시의 문인 고악高鸚이 덧붙인 것이다.) 어떤 이는 조설근이 남긴 홍루몽을 연구하는 데 일생을 바쳤지만 제대로 연구하지 못한 것이 끝도 없이 많다고 말한다. 조설근의 작품은 중국 문학사의 값진 보배이자 세계 문학사에서 찬란하게 빛나는 별이다.

반발심이란 무엇인가

반발심은 반항심 또는 역반응 심리라고도 하며 주어진 환경이 자신의 필요에 부합하지 않을 때 생기는 심리이다. 인간관계에서 자신의 자존감을 지키기 위해 상대방의 요구에 상반되는 태도와 언행을 취하는 심리 상태를 말한다. 반발심은 주로 다음의 몇 가지로 표출된다.

1. 한계초과 반발심: 외부의 요구가 자신이 감당할 수 있는 능력이나 인식 수준을 넘어설 때 생기는 반발심이다.
2. 상황적 반발심: 주어진 환경이 자신의 필요와 맞지 않을 때 생기는 반발심이다.
3. 자체적 반발심: 자신의 지위나 존엄이 위협받을 때 생기는 반발심이다.
4. 원인 반발심: 다른 사람의 권면이나 방법이 잘못되지 않았지만 그 동기가 불순할 때 생기는 반발심이다.
5. 불균형 반발심: 정보 전달자의 언행이나 실제 상황이 전달한 내용과 정반대여서 진실되지 못했을 때 생기는 반발심이다.

제22장

링컨
국가를 혁신한 유머의 힘

링컨이 더글러스와 토론을 벌였을 때였다. 더글러스는 링컨이 말과 행동이 다른 두 얼굴의 사나이라고 공격했다. 이에 링컨이 말했다. "여러분, 더글러스가 저더러 두 얼굴의 사나이라고 하는데, 만약 저에게 다른 얼굴이 있다면 제가 이 못생긴 얼굴로 여러분 앞에 섰겠습니까?"

링컨Abraham Lincoln(1809~1865)은 미국 제16대 대통령이자 정치가이며 공화당이 배출한 첫 번째 대통령이다. 그는 켄터키 주 호젠빌의 가난한 농민 가정에서 태어났다. 링컨은 자신의 어린 시절은 가난의 역사였다고 했다. 어려서는 땔감을 나르고 물을 길어 집안일과 농사일을 도왔다. 1816년에 일가가 인디애나 주 남서부 지역으로 이주해 황무지를 개간하여 생계를 이어갔다. 링컨은 아홉 살에 어머니를 여의고 스물다섯 살까지 고정된 직업 없이 이 일 저 일을 전전했지만 독학으로 박학다식하고 지혜로운 사람으로 성장했다. 1860년, 미국의 제16대 대통령에 당선된 그는 재임 기간 동안 남북 전쟁에서 승리해 연방 정부를 지켜냈고 남부 지역 노예 소유주의 반란을 평정했다. 미국의 발전을 가로막았던 내부 갈등을 해결해 국가 발전의 초석을 닦은 것이다. 1865년 4월 15일 밤, 링컨은 워싱턴에 있는 포드 극장에서 피격되어 사망했다. 많은 사람이 미국 역사의 진보를 이끌었던 링컨을 새로운 국가 통치자의 모범으로 평가한다.

링컨은 미국 역사에서 수수께끼와 같은 존재다. 가난한 집에서 태어났지만 미국 역사상 가장 사랑받는 대통령이 되었고, 평탄치 못한 일생 동안 수많은 좌절을 겪었지만 굴하지 않고 끝까지 자신의 정치적 포부를 펼쳤다. 게다가 외모가 볼품없음에도 용모나 옷차림에는 신경도 쓰지 않았는데, 오히려 이러한 모습에 수많은 미국인이 매료되었다. 필자는 여러 미국인에게 도대체 링컨의 무엇이 이처럼 사람들을 사로잡는 것인지 물어봤다. 그들은 하나같이 링컨의 유머 감각이 후세 사람들을 감동시켰다고 대답했다.

링컨은 유머 감각을 어떻게 키웠으며, 유머는 그의 인생에 어떤 역할을 했을까? 링컨의 힘겨웠던 삶을 먼저 돌아보자.

고난과 사투를 벌였던 일생

링컨은 평생 고난과 불행을 상대로 사투를 벌였다. 가난한 집에서 태어나 어린 시절 어머니를 여의고 돈이 없어 공부를 제대로 하지 못하는 등 어려서부터 고통을 겪었다. 스물세 살에 동업자와 의기투합해 장사를 시작했지만 장사가 잘 안 돼서 큰 빚만 졌다. 법의 허점을 이용해 빚을 떼먹을 수도 있었지만 조금씩 갚아나갔고 14년 뒤에야 빚을 청산했다. 스물넷 되던 해, 앤 러틀리지Ann Rutledge라는 여성과 교제를 했는데 그녀는 링컨이 평생 사랑한 단 하나의 여인이었다. 그러나 앤은 안타깝게도 장티푸스에 걸려 죽고 말았다. 링컨은 슬픔에 못 이겨 몇 번이나 자살을 시도했고 그 후 30년 동안 우울증에 시달렸다. 서른한 살이 되어 링컨은 메리 토드Mary Todd와 결혼했다. 메리는 부유한 집에서 자란 여성으로 좋은 교육을 받았고 영부인을 꿈꾸었다. 메리는 항상 링컨의 결점을 트집 잡았고 그의 잘못을 질책했다. 불행한 결혼생활로 링컨은 늘 밖으로 돌았고 장기간 외박을 하기도 했다.

링컨은 스물다섯 살 이후로 공직 선거에 출마했지만 중요한 선거에서 번번이 낙선했다. 특히 1854년과 1858년에 일리노이 주 상원 의원 선거에서 두 차례나 상대 후보에게 근소한 표차로 밀렸다. 그리고 1860년에 공화당 대표로 대통령 선거에 출마하여 운좋게 당선됐다. 미국 역사에서 링컨처럼 6년 동안 상원 의원 선거에서 두 차례나 떨어지고서도 대통령 선거에서 승리한 사례는 좀처럼 찾아보기 힘들다.

링컨은 대통령에 당선된 후, 한때 유명했던 엘리트들을 모두 내각에 끌어들였는데 그중 윌리엄 수어드William Henry Seward(링컨 내각의 국무장관), 새먼 체이스Salmon P. Chase(재무장관), 에드워드 베이츠Edward Bates(법무장관), 사이먼 카메론Simon Cameron(전쟁장관: 지금의 국방장관) 등 네 명은 링컨과 대통령 선거에서 경합을 벌였던 후보였다. 뜻밖에도 그들은 모두 행정 경험이 전무한 변호사 출신인 링컨의 당선에 승복하지 않았고, 그의 국정 수행 능력을 불신했다. 링컨은 이들과 함께 일을 하면서 억울한 일을 많이 당했다. 그의 가장 가까운 친구인 브라우닝Orville H. Browning마저도 링컨이 대통령에 접합한 인물인지 반신반의했다.

대선 결과가 발표된 후 남부 대농장주들은 이에 반발해 반란을 도모했다. 남부 지역 열한 개 주가 차례로 연방에서 탈퇴하여 '아메리카 제주諸州 연합'의 성립을 선포한 것이다. 그들은 새로운 헌법을 제정하고 대통령 선거를 실시했다. 1861년 4월, 남부 반란 무장 세력이 선제공격을 해왔다. 북군은 병사와 군비 면에서 남군보다 우세했지만 전투에서 계속 고전을 면치 못해 링컨을 곤경에 빠뜨렸다. 설상가상으로 링컨이 취임한 이듬해에 가장 아꼈던 아들 윌러스가 병으로 죽고 말았다. 게다가 당시 전방의 상황도 매우 긴박하게 돌아가고 있었기 때문에 링컨은 삶을 포기하고 싶을 정도로 고통스러워했다. 링컨이 율리시스 그랜트 장군(후에 미국의 제18대 대통령이 됨)을 연방군 총사령관으로 임명한 후에야 북군은 남군에 승리를 거뒀다. 이로써 4년간의 내전이 종식되고 노예제가 폐지되었다.

1864년 재선에 성공한 링컨은 승리의 기쁨이 채 가시기도 전에 남부를 지지하는 저격수에게 피격되어 향년 56세를 일기로 삶을 마쳤다.

링컨의 유머 감각 하나 :
자조-감정의 분출

　자조는 흔히 볼 수 있는 유머의 한 종류다. 링컨의 자조는 과장되지도, 저속하지도 않았고 기지를 드러내는 방식이자 공감을 표현하는 방법이었다. 또한 감정을 발산하는 방법이기도 했다. 한 예로, 링컨은 자신의 못생긴 외모를 유머의 소재로 삼았다. 한번은 링컨이 모임에 참석했다가 발언을 요청받았는데 대놓고 거절하기가 난처해서 짧은 이야기를 들려주었다.

　"하루는 제가 만난 어떤 부인이 저를 한참 뜯어본 후 '이봐요, 당신은 내가 본 남자 중에 가장 못생긴 남자예요'라고 말했습니다. 저는 '부인, 그건 저도 어쩔 도리가 없네요. 어떻게 하면 좋을까요?'라고 묻자 부인이 한참을 생각한 후 '그럼 계속 집에만 있으면 되지 않을 까요'라고 대답했지요."

　링컨은 이 이야기를 마치고 자리에 앉았다. 사람들은 잠시 멍했다가 링컨의 재치를 알아차리고 열렬한 박수를 보냈다. 링컨이 더글러스Stephen Arnold Douglas(1854년과 1858년에 일리노이 주 상원 의원 선거와 1860년 대통령 선거에서 링컨과 경합을 벌였던 정치가)와 토론을 벌였을 때였다. 더글러스는 링컨이 말과 행동이 다른 두 얼굴의 사나이라고 공격했다. 이에 링컨이 말했다. "여러분, 더글러스가 저더러 두 얼굴의 사나이라고 하는데, 만약 저에게 다른 얼굴이 있다면 제가 이 못생긴 얼굴로 여러분 앞에 섰겠습니까?" 링컨의 말에 모든 사람이 배꼽을 잡고 웃었고 더글러스조차도 웃고 말았다.

링컨은 늘 자신의 불행한 결혼 생활도 자조적으로 말했다. "하느님God도 d가 하나밖에 없는데 나의 부인 토드Todd의 집안은 d가 두 개나 되니 메리가 나에게 이렇게 함부로 할 수 있는 것이지." 링컨의 부인 메리가 하루는 하녀에게 일을 열심히 하지 않는다고 일일이 잘못을 열거하며 심하게 나무라자 그 하녀는 무서워 도망을 쳤다. 그날 오후 하녀의 삼촌이 짐을 챙기러 왔다가 메리에게 호되게 욕을 먹었다. 남자는 화가 머리끝까지 치밀어 링컨을 찾아가 하소연했다. 링컨은 묵묵히 남자의 말을 다 듣고 나서 조용히 말했다. "당신이 당한 일은 정말 유감입니다. 정말 미안하게 생각합니다. 하지만 저는 15년이라는 긴 시간 동안 내내 이 운명을 견뎠는데 당신은 겨우 15분도 참지 못하겠습니까?" 남자는 링컨의 말을 듣고 화가 눈 녹듯 누그러져서 링컨에게 시간을 빼앗아 미안하다고 급히 사과까지 했다.

링컨은 선거 패배도 자조적으로 말했다. "저는 가난하고 천한 집안 출신에 어른이 되어서도 나를 추천해 줄 만한 돈 있고 힘 있는 친구나 친척이 없었습니다. 여러분이 제가 당선될 자격이 없다고 여겨도 상관없습니다. 어차피 저는 실망에 익숙합니다. 이번의 실패

때문에 자신을 원망하지는 않을 것입니다." 이처럼 링컨은 단 한 번
도 자신의 가난했던 과거를 부끄러워하지 않았다. 대통령에 처음으
로 당선되었을 때 누군가 링컨의 부친이 구두 수선공이었다고 비웃
자, 링컨이 자조하며 말했다. "맞습니다. 제 아버지는 구두 수선공이
었습니다. 저는 다만 제 아버지가 구두를 수선하는 기술만큼만이라
도 능숙하고 탁월하게 나라를 이끌 수 있었으면 좋겠습니다." 링컨
의 말에 많은 사람이 즉각 박수갈채를 보냈다.

링컨의 유머 감각 둘 :
놀림 - 동심의 표현

　놀림 역시 흔히 접할 수 있는 유머의 한 형식이다. 링컨의 놀림은
악의가 없고 사랑이 가득한 천진난만함 그 자체였다. 한번은 링컨이
법무부 장관인 베이츠에게 농담으로 "베이츠, 당신의 수염은 온통
하얀데 머리는 왜 그렇지 않은지 아십니까?"라고 묻자 베이츠가 왜
냐며 호기심에 차서 반문했다. 링컨이 "그건 당신이 머리보다 턱을
더 많이 쓰기 때문이지요"라고 대답하면서 유쾌하게 웃자 베이츠도
따라 웃었다.

　그랜트와 셔먼William Tecumseh Sherman은 뛰어난 연방군의 장군
이었다. 언젠가 두 사람과 만난 자리에서 링컨이 갑자기 셔먼에게 물
었다. "제가 왜 장군과 그랜트 장군을 다르게 보는지 아십니까?" 셔

먼은 대통령의 갑작스러운 질문에 당황하다가 급히 모르겠다고 대답했다. 링컨이 "두 분은 한 번도 저를 귀찮게 하지 않으셨기 때문입니다"하고 대답하여 세 사람은 한바탕 크게 웃었다. 훗날 누군가가 링컨에게 그랜트 장군이 전선에서 자주 술을 마신다고 일러바쳤을 때 링컨은 "아, 그래요? 그랜트 장군이 어떤 술을 마시는지 정말 알고 싶네요. 그러면 전선에 있는 모든 장군에게 한 병씩 보낼 수 있을 것 아니겠습니까"하고 놀리듯 대답했다.

링컨은 원래 말을 함부로 하거나 잘 웃지 않는 사람이었다. 삶에서 끊임없이 시련을 겪었기 때문이다. 좌절은 일상이 되었고, 우울은 늘 그를 괴롭혔지만 링컨은 태양처럼 빛나는 삶을 살기 위해 죽는 그 순간까지 최선을 다해 성격을 변화시켰다. 그리고 유머로써 이 모든 좌절과 우울을 날려버리는 훈련을 했다. 링컨은 매일 저녁 유머 관련 책을 보고 잠자리에 들었고, 다른 사람에게 재미있는 얘기를 들려주기를 좋아했다. 우스운 이야기를 들려줄 때마다 얼굴과 눈에서 반짝반짝 빛이 났다. 가끔은 참을 수 없어서 본인이 웃음을 터트리고 마는데 그것도 온몸을 들썩일 정도로 크게 웃었다. 이처럼 링컨은 웃음을 스트레스 해소의 가장 좋은 처방으로 활용했다.

링컨은 미국의 역사뿐 아니라 미국인의 성격까지도 바꿔놓았다. 미국인은 링컨의 유머 덕분에 말도 없고 잘 웃지도 않는 엄숙한 모습의 초기 청교도적 삶의 방식을 내려놓았다. 그때부터 유머는 미국 문화에서 오랫동안 지속되어 온 관습이 되었다.

링컨의 유머러스한 성격 분석

    링컨의 웃음은 괴로움을 겪은 사람의 웃음이었기에 호소력이 더 짙을 수밖에 없었고, 사람들의 마음을 더 깊이 파고들었다. 심리학에서는 유머 감각을 평등 정신의 표현으로 해석한다. 유머는 다른 사람뿐 아니라 자기 자신까지도 동등한 위치에서 놀리는 용기가 필요하기 때문이다. 링컨이 구사한 유머에는 인간미와 평등 정신의 색채가 물씬 풍겼고 유머는 그를 붙임성 좋고 상냥하며 친절한 사람으로 만들었다. 더욱 중요한 것은 유머가 창의적 사고와 동정심을 유발하고 언제 어디서든 괴로움을 즐거움으로, 충돌을 화해로 변화시킬 수 있는 힘을 지닌다는 사실이다. 링컨은 갈등과 충돌에 부딪힐 때마다 같은 문제도 다른 각도에서 바라보려고 노력했기 때문에 그의 말에는 깊은 철학적 성찰이 담겨 있었다.

    프로이트는 농담이 쾌감을 선사하는 이유는 긴장감으로 팽팽한 의식적 과정을 긴장감이 풀린 무의식의 순간으로 전환시켜 주기 때문이라고 했다. 그래서 프로이트는 유머를 정신을 승화시키는 효과적인 수단으로 보았고, 유머를 통해 생활의 괴로움을 발산하는 법을 배우자고 강력하게 주장했다. 다른 다수의 심리학 연구도 유머가 삶의 모순을 이해할 수 있는 예민함이자 인간관계에서 발생하는 갈등을 슬기롭게 해소할 수 있는 지혜라는 사실을 밝혀냈다. 유머는 본인에게는 생각을 벼리게 하고 항상 웃게 하며, 다른 사람에게는 마음을 넓히고 사색하게 하는 위력을 지녔다. 이렇듯 유머는 자신을 변화시킬 뿐 아니라 다른 사람도 변화시킨다.

미국인은 종종 "링컨이 받은 고통에 비하면 내 눈앞에 닥친 고통이 별거야?" "링컨도 유머러스한 사람이 됐는데 나라고 못 할 거 없지"라고 말한다. 링컨은 삶이 아무리 힘들어도 웃고 있었다. 이런 모습에서 링컨이 평생 수련하여 얻은 내공과 인격적 매력을 느낄 수 있다.

유머 감각을 키우는 방법

유머는 독특한 정서의 표현이다. 사람을 환경에 적응하게 하는 수단이며 곤경에 처했을 때 받는 정신적, 심리적 스트레스를 줄일 수 있는 방편이 된다. 유머 감각이 뛰어난 사람은 화를 덜 내고 덜 당황하며 극단적인 성향도 줄어들게 된다. 다음과 같은 방법은 유머 감각을 기르는 데 도움이 된다.

1. 유머의 중요성을 깨달아라. 유머는 다른 사람의 결점이나 장점을 재치 있게 지적하거나 지나가는 투로 말하기 때문에 부정을 하든 긍정을 하든 웃으면서 넘길 수 있다. 유머는 번지르르한 말도 아니며 비웃거나 비꼬는 것도 아니다.

2. 지식을 늘려라. 유머는 자신의 지혜를 드러내는 것이다. 풍부한 지식에서 나오기 때문에 지식을 넓혀야 한다. 상황을 잘 파악하는 능력과 풍부한 지식이 있을 때에만 이야깃거리가 풍부해지며 재밌고 지혜로운 이야기를 할 수 있게 된다. 또한 적절한 비유를 들어 이야기할 수 있다.

3. 인격을 수양하고 현실을 낙천적으로 보는 습관을 들여라. 유머는 관용의 표현이기도 하므로 다른 사람의 입장을 이해할 수 있어야 한다. 유머 감각을 키우려면 마음을 너그럽게 하고 작은 일에 연연해하지 말아야 한다. 성격이 낙천적이어야 한다. 낙관은 유머의 가장 좋은 친구이기 때문이다.

4. 유머 감각을 키우려면 재치와 민첩성을 기르는 것이 매우 중요하다. 사물의 본질을 재빠르게 파악해서 적절한 비유와 익살맞은 언어로 그것을 표현할 때에만 사람들에게 편안한 느낌을 줄 수 있으며 저속하지 않은 유머를 구사할 수 있다.

塔西佗著, 王以鑄·崔妙因譯,『編年史』, 商務印書館, 1981

吳長翼編,『八十三天皇帝夢』, 文史資料出版社, 1983

吳晗著,『朱元璋傳』, 人民文學出版社, 1985

朱智賢主編,『心理學大詞典』, 北京師範大學出版社, 1989

陳壽著, 蘇淵雷主編,『「三國志」今註今譯』, 湖南師範大學出版社, 1991

周汝昌著,『曹雪芹新傳』, 外文出版社, 1992

春林·廣建編,『清宮秘聞』, 珠海出版社, 1994

田桂軍·劉瓊編著,『拿破崙傳』, 長江文藝出版社, 1996

王新裁編著,『林肯傳』, 湖北辭書出版社, 1996

曾子魯著,『王安石傳』, 吉林文史出版社, 1998

李海文主編,『周恩來家世』, 黨建讀物出版社·中國青年出版社, 1998

董衡巽著,『海明威評傳』, 浙江文藝出版社, 1999

張鈞·楊惠濱著,『性格與命運』, 時代文藝出版社, 2000

林闊編著,『袁世凱全傳』, 中國文史出版社, 2001

薛學共·黃小用編著,『周恩來超群智慧』, 當代中國出版社, 2001

富勒著, 許綏南譯,『西澤大帝』, (台灣) 麥田出版社, 2001

翁飛·王瑞智主編,『李鴻章外交之道』, 陝西師範大學出版社, 2002

張壯年·張穎震編著,『中國歷史秘聞軼事』, 山東畫報出版社, 2003

劉樂土著,『趙構皇帝』, 北京圖書館出版社, 2003

戴維·肖特著, 李丹·趙蓓蓓譯,『尼祿』, 上海譯文出版社, 2003

阿真編譯,『斯大林 : 鋼鐵巨人』, 光明日報出版社, 2003

章正餘編著,『羅斯福』, 京華出版社, 2003

楊順編譯,『希特勒 : 惡魔元首』, 光明日報出版社, 2003

李言主編,『麥克阿瑟 : 剛烈 將軍』, 長安出版社, 2003

陳壽著, 陳華勝編寫,『三國志人物故事』, 浙江古籍出版社, 2004

葉奕乾主編,『現代人格心理學』, 上海教育出版社, 2004

張義理主編,『臨牀心理學』, 人民軍醫出版社, 2004

陳文德著,『諸葛亮大傳』, 九州出版社, 2006

李一冰著,『蘇東坡大傳』, 九州出版社, 2006

심리의 함정

초판인쇄 2012년 3월 26일
초판발행 2012년 4월 2일

지은이 웨샤오둥
옮긴이 박영인
펴낸이 강성민
기획 노승현
편집 이은혜 박민수 김신식
마케팅 최현수
온라인 마케팅 이상혁 장선아

펴낸곳 (주)글항아리 | 출판등록 2009년 1월 19일 제406-2009-000002호

주소 413-756 경기도 파주시 문발동 파주출판도시 513-8
전자우편 bookpot@hanmail.net
전화번호 031-955-8891(마케팅) 031-955-1903(편집부)
팩스 031-955-2557

ISBN 978-89-93905-92-2 03180

에쎄는 (주)글항아리의 경제경영, 비소설 분야 브랜드입니다.

이 도서의 국립중앙도서관 출판시도서목록(CIP)은 e-CIP홈페이지(http://www.nl.go.kr/ecip)와 국가자료공동
목록시스템(http://www.nl.go.kr/kolisnet)에서 이용하실 수 있습니다.(CIP제어번호: CIP2012001203)